"Sah é um guia espiritual radical que está catalisando conexões em sua geração. *Espiritualmente atrevido* nos encoraja a abraçar a nossa versão pessoal de liberdade interior e é uma celebração da vida sem limites!"

Deepak Chopra, autor de
Você é o universo

"Sah D'Simone se destaca não apenas pela profundidade de sua prática de meditação e compreensão do Dharma, mas por não ter medo de ser radicalmente quem é enquanto segue no caminho para a liberdade. Sah é um líder na nova onda de meditadores sérios que colocam a sabedoria antiga na berlinda. *Espiritualmente atrevido* guia o leitor por ensinamentos libertadores essenciais de forma instantaneamente acessível, revigorantemente divertida e esclarecedora. A leitura deste livro certamente ajudará aqueles que estão buscando desenvolver a consciência e a coragem necessárias para construir uma vida melhor."

Yung Pueblo, autor de
A resposta está dentro de você

"Esta geração precisa de um guia espiritual novo, com o pé no chão. Sah D'Simone usa sua luz para compartilhar maneiras acessíveis de servir — a você e ao mundo. Sua escrita é hilária e pessoal e toca bem no coração do leitor."

Elena Brower, autora de
Practice You

"Sah é uma voz marcante e elétrica em uma nova geração de líderes espirituais — impulsionando as pessoas a celebrar os tons que compõem suas belas e únicas cores. Ele é um líder que está redefinindo o gênero e reimaginando a espiritualidade para a nova geração."

Jesse Israel, fundador de
The Big Quiet

"Sah é um ativador de sonhos que se dedica a nos guiar para nossa verdadeira liberdade espiritual, livrando-nos, assim, dos fardos que colocamos sobre nós mesmos neste mundo moderno. Ele ensina que você pode ser quente e atraente e, ainda assim, elevado."

Shaman Durek, autor de *Spirit Hacking*, apresentador de podcast e ativista

"Sah é um líder espiritualmente atrevido que nos lembra de explorar a sabedoria interior inata. E uma luz brilhante no mundo espiritual que compartilha sua magia através deste livro. Eu não poderia recomendar mais!"

Sahara Rose, autora best-seller e apresentadora de podcast

"Sah D'Simone é uma verdadeira voz para sua geração. Um buscador que também é professor, um pensador que fala com o coração e uma alma espiritual que tem os pés firmemente plantados nas realidades do mundo moderno."

Ruby Warrington, autora de *Sober Curious* e *Material Girl, Mystical World*

"Você vai gostar do papo reto e da orientação pragmática enquanto ele nos leva de volta para nosso coração e nossa alma e nos lembra de que a beleza e o amor que procuramos durante todo esse tempo sempre estiveram dentro de cada um de nós... Esse tempo todo."

Light Watkins, autor de *Bliss More*, palestrante e professor

Espiritualmente Atrevido

8 Passos Radicais para Ativar seus Superpoderes Inatos

Sah D'Simone

EDITORA ALAÚDE
Rio de Janeiro, 2024

Espiritualmente atrevido

ISBN: 978-85-7881-787-9

Impresso no Brasil — 1ª Edição, 2024 — Edição revisada conforme o Acordo Ortográfico da Língua Portuguesa de 2009.

Dados Internacionais de Catalogação na Publicação (CIP)
(Câmara Brasileira do Livro, SP, Brasil)

D'Simone, Sah
Espiritualmente atrevido : 8 passos radicais para ativar seus superpoderes inatos / Sah D'Simone ; tradução Christiano Sensi. -- Rio de Janeiro : Alaúde Editorial, 2024.

Título original: Spiritually sassy.
ISBN 978-85-7881-787-9

1. Autoajuda 2. Bem-estar 3. Espiritualidade I. Título.

24-197664 CDD-131

Índices para catálogo sistemático:

1. Bem-estar : Espiritualidade 131

Tábata Alves da Silva - Bibliotecária - CRB-8/9253

Produção Editorial: Grupo Editorial Alta Books
Diretor Editorial: Anderson Vieira
Editor da Obra: Ibraíma Tavares
Vendas Governamentais: Cristiane Mutüs
Gerência Comercial: Claudio Lima

Produtora Editorial: Gabriela Paiva
Tradução: Christiano Sensi
Copidesque: Alessandro Thomé
Revisão: Edmar Alexandre
Diagramação: Joyce Matos

ALTA BOOKS
GRUPO EDITORIAL

Rua Viúva Cláudio, 291 — Bairro Industrial do Jacaré
CEP: 20.970-031 — Rio de Janeiro (RJ)
Tels.: (21) 3278-8069 / 3278-8419
www.altabooks.com.br — altabooks@altabooks.com.br
Ouvidoria: ouvidoria@altabooks.com.br

Editora **afiliada à:**

ASSOCIADO CBL Câmara Brasileira do Livro

Para minha mãe e meu pai.

Agradecimentos

Um enorme obrigado à minha agente, Coleen O'Shea, pela sua visão e pelo seu apoio amoroso. Obrigado à minha editora, Diana Ventimiglia, por ser uma defensora do livro ao longo dessa jornada e por todas as vezes que precisei de uma líder de torcida. Obrigado a todos da Sounds True por acreditarem no livro e trazê-lo ao mundo. Quero agradecer à Melissa Valentine por seu trabalho árduo, sua paciência e gentileza durante esse processo e por sua bela investigação de minha mente, o que garantiu que eu trouxesse a melhor e mais clara sabedoria do coração.

A Tenzin Chogkyi, uma de minhas professoras, que me ajudou a simplificar alguns dos ensinamentos mais complexos do livro — obrigado pela sua sabedoria.

Quero agradecer a Tenzin Palmo por reforçar a importância de ensinar sobre a alegria. Sou muito grato a Sua Santidade o 14º Dalai Lama por ser um exemplo de alguém no qual podemos nos tornar. Quero agradecer ao Lama Zopa Rinpoche, que viu algo em mim antes que eu mesmo visse.

Sou muito grato à minha amiga Karen Chodron, por seus ensinamentos e pela sabedoria que é refletida em mim. Gostaria de agradecer à Venerável Sarah Thresher e aos nossos guias que tornaram possível a visita às cavernas sagradas do Guru Rinpoche. Ezra Johnson, você foi fundamental ao me encorajar a sempre escrever minha verdade e a ser eu mesmo. Obrigado, Jackie Cantwell, Ian Daniel, Alexandra Roxo, Ashley Elizabeth e Lisa-Marie Schneider.

Um enorme agradecimento à minha família. Sou muito grato a você, mamãe. Seu amor é o motivo pelo qual acredito em mim mesmo hoje. Minha irmã Moun, você é uma luz guia, não sei onde eu estaria se não fosse pelo seu apoio. Ao meu irmão Micky, por ser um crítico feroz da maneira mais amorosa. Ao meu pai, por me ensinar que as linguagens do amor nem sempre são iguais para todos.

Quero agradecer ao meu amigo Gabriel Marques por me fazer rir, me hospedar em sua casa e sempre ser um amigo tão doce e divertido quando mais precisei. Você esteve lá para mim por muitos anos. Um agradecimento especial a Ruby Warrington pela sua sabedoria literária, por sua compaixão e amizade quando embarquei nesta jornada. Por fim, quero agradecer às pessoas, aos amigos e professores incríveis que conheci em minhas viagens — vocês são meus professores.

Sobre o autor

Sah D'Simone é um guia espiritual, professor de meditação, palestrante transformacional e autor best-seller — liderando um movimento de cura baseado no coração, enraizado em técnicas testadas e comprovadas, e pioneiro de uma abordagem "espiritualmente atrevida" na qual a alegria e a autenticidade trazem brilho ao caminho para a iluminação.

Nascido no Brasil, Sah imigrou para os EUA aos 16 anos. Aos 20, ele foi bem-sucedido na indústria da moda como cofundador e diretor criativo de uma revista de moda internacional, mas, ainda assim, foi esmagado pelo vício, pela depressão e ansiedade. Em 2012, afastou-se de tudo e iniciou uma intensa busca por saúde e bem-estar.

Em 2013, Sah embarcou em uma viagem ao Nepal, à Índia, Tailândia e Indonésia para estudar com grandes mestres espirituais, como Sua Santidade o Dalai Lama, Lama Zopa Rinpoche, Jetsunma Tenzin Palmo e inúmeros outros. Sah desenvolveu uma abordagem de cura revolucionária, misturando o antigo budismo tântrico e a psicoterapia contemplativa moderna com um toque de atrevimento, que é sua marca registrada. Ele também é apaixonado por saúde mental e bem-estar nas comunidades LGBTQIA+ e POC.

Os ensinamentos de Sah ajudaram a enriquecer a vida de milhares de pessoas, já tendo dividido o palco com Deepak Chopra, Yung Pueblo, Ruby Warrington e Dan Harris. Seu primeiro livro, *5-Minute Daily Meditations*, é um best-seller internacional, traduzido para o espanhol, o chinês e o holandês. Ele foi convidado para falar na TEDx, e sua lista de clientes inclui Google, MoMa, Kanye West, Cannes Lion, American Express, Nações Unidas, New Balance, Bloomingdales e Havas.

Saiba mais sobre Sah em seu site: sahdsimone.com [conteúdo em inglês].

Sumário

Introdução

Olá, meu amor. Bem-vindo ao *Espiritualmente atrevido.*

Espiritualmente atrevido destila a arte de viver bem em nosso mundo moderno em oito etapas radicais, mas alcançáveis. Os oito passos deste livro levam diretamente ao coração. *Espiritualmente atrevido* é o guia do *agora*.

As etapas deste livro não são uma solução rápida. *Espiritualmente atrevido* não é um slogan bonito para um atalho espiritual. É um convite para realizar o Trabalho com um cara que já esteve lá, com um cara com quem você pode se identificar. Uma mistura de Budismo Tântrico, conhecimento psicológico baseado em evidências e minha pitada especial atrevida, *Espiritualmente atrevido* é a resposta moderna para seu sofrimento. Você pode estar se perguntando: "Que porra você quer dizer com essa palavrona, *sofrimento*?" Eu quero dizer tudo: toda a confusão que você possa ter sobre quem você é, todas as dores do passado, a culpa, a vergonha, o ódio, as crueldades, as indiferenças, a complacência, e a lista continua — todas as coisas que você possa estar involuntariamente carregando e que, infelizmente, podem estar comandando sua vida. É uma nova abordagem à espiritualidade que quer que você comece a curar seus problemas, que você se reconecte ao seu coração, ative seus superpoderes inatos e cause impacto no mundo sendo quem você realmente é. Como posso dizer? *Espiritualmente atrevido* é ser você mesmo, caralho! Quero que você se lembre de como é ser ousado, ocupar seu espaço, porque, no fundo do seu ser, você sabe tudo isso. É hora de se lembrar, porque o mundo precisa de sua magia, de seus dons. Este é um novo programa, e seu dever de casa é ser você mesmo, dando expressão criativa ao seu coração.

Comecei a verdadeiramente buscar algo mais quando minha vida começou a desmoronar. Eu tinha 20 e poucos anos e era uma pessoa de alto desempenho, mas ansiosa e deprimida, e trabalhava na indústria da moda como cofundador de uma revista de sucesso. Estava vivendo o que pensei que queria, uma vida ditada pela sociedade. Estava ganhando dinheiro, saindo com celebridades e, aparentemente, era bem-sucedido. Mas eu estava profundamente deprimido e começando a me perder nas drogas e no álcool. Alimentava meu corpo com porcarias e estava fora de sintonia com a versão real de mim mesmo. O que eu queria? Quem eu era? E por que eu estava tão infeliz, se tinha tudo o que queria? Quem eu seria sem meu status social? Essas perguntas me motivaram no início. Como imigrante nos Estados Unidos, de pele marrom-clara e queer, eu havia colocado muita ênfase em possuir coisas, e isso havia se tornado meu vocabulário principal. Como resultado, tudo o que eu fazia estava enraizado no desejo de alcançar um tipo específico de sucesso. Esse impulso ditava a qualidade de minha experiência e autoestima. Eu já estava me sentindo atraído por ideias espirituais, mas não sabia por onde começar e certamente não sabia como poderia me encaixar nesses círculos. Onde era meu lugar e em que eu acreditava?

Se você for como eu, um caminho linear para a liberdade interior não funciona. O caminho que eu precisava deveria ser interseccional. Não era isso ou aquilo, mas tudo o mais, porque eu não caibo muito bem dentro de nenhum modelo. As definições de vida espiritual que eu via ao meu redor não combinavam comigo, então comecei a procurar espaços em que me sentisse em casa. No fim das contas, criei o caminho espiritualmente atrevido. Encontrei o meu lugar e quero convidar você para vir junto. Todos são bem-vindos aqui.

Minha busca me levou por todo o mundo. Ela me fez deixar a moda e encontrar um caminho bem diferente no ensino, na aprendizagem e no trabalho diário para me libertar. Levou-me a sentar e aprender com mestres espirituais, neurocientistas, psicólogos contemplativos, especialistas em traumas e todas as pessoas intensas e incríveis que conheci ao longo de minhas viagens. E isso me levou a um modo de vida que vem de meus estudos, mas que tem a ver comigo. Quero compartilhar os passos que desenvolvi na esperança de que, ao experimentar algumas dessas práticas e ler sobre o que funcionou para mim, você se sinta mais como você. É minha missão ajudá-lo a se tornar vivo.

Eu chamo o *Espiritualmente atrevido* de programa porque você aprenderá a como reorganizar sua vida e, em última análise, se graduará e deixará para trás velhas formas de sentir, pensar e agir. Você será capaz de mergulhar naquilo que está em seu coração como um modo de vida, em vez de ficar preso aos hábitos de sua mente condicionada.

Seu Trabalho pode acabar sendo bagunçado, barulhento, extravagante ou fabuloso. Tudo isso está Ok. Apenas é necessário trazer todo seu ser, especialmente as partes das quais não se orgulha. Tive um despertar próprio que descreverei mais em capítulos posteriores, mas a questão é que, para mim, o resultado não foi me tornar silencioso ou zen. Minha versão de espiritualidade é feroz e divertida, como a espiritualidade deveria ser. Eu o convido a ser você mesmo pra caralho. Pode parecer egoísta e não tão espiritual, mas garanto que é o oposto. Ao ser verdadeiramente você, dá permissão aos outros para fazerem o mesmo. Porque estamos todos profundamente interligados. Ao descobrir seu coração atrevido, você impacta a todos. Você não pode ver com os olhos, mas o conhecimento que surge de seu coração diz a verdade. Quanto mais você transforma seu mundo interno, mais pode ajudar os outros a fazerem o mesmo, e quanto mais ajudar os outros, mais seu mundo interior será transformado — o caminho espiritualmente atrevido é um ciclo de cura sustentável. Quando você conhece alguém que está vivendo com toda sua força e energia, pode ver que há algo muito lindo nisso. Somos imediatamente atraídos por essas pessoas e ficamos maravilhados com a forma como elas se comportam. Você é essa pessoa. Eu o ajudarei a se lembrar disso.

Agora faça uma pausa. Visualize-se livre. Completamente liberado, com todas as respostas, todo o apoio, vivendo seu sonho. Visualize isso só por um momento. Esse vislumbre é um exemplo de como você pode acessar a bela tecnologia do coração. Seu coração quer você feliz, meu amor. Mantenha esse sentimento presente. Saiba que é seu direito de nascença.

Agora dê um passeio comigo. Quero ser seu guia pela ponte que leva ao seu coração.

Você está pronto?

GLOSSÁRIO

Antes de começarmos esta jornada, quero apresentar a você alguns dos principais vocabulários usados ao longo do livro, para que fiquemos alinhados.

Vadia

A palavra *vadia*, da forma como a uso neste livro, está totalmente distante da definição tradicional e ofensiva. Não tem gênero. Quando a uso, estou me referindo a mim mesmo de uma forma atrevida. É uma espécie de apelido para mim ou para outra pessoa, quase como se eu estivesse dizendo "eu" ou "você", mas de forma afetuosa. É importante reconhecer a conotação negativa e que pode ofender as pessoas, mas neste livro, eu me aproprio da palavra e a utilizo de um modo positivo.

Garota

Muito parecida com *vadia*, *garota* é como muitas vezes me refiro a mim mesmo e aos outros afetuosamente. Também não tem gênero. Não significa literalmente menina. No medidor de atrevimento, se *vadia* atinge o dez, *garota* talvez bata no seis. Ambas são atrevidas, mas *garota* é um pouco mais domesticada, só porque não é um palavrão.

Coração

Não estou falando de seu coração físico pulsante quando uso a palavra, embora seja ali que esse coração esteja localizado. Estou falando do coração espiritual. Acredito que esse coração contém nossa verdadeira essência e a sabedoria mais profunda que jamais conheceremos. Se há um objetivo espiritual, é conhecer esse lugar dentro de si, aprender a acessá-lo. As práticas, a teoria e a sabedoria deste livro estão centradas nisso, e minha missão é fazer com que você conheça o seu coração, ou, pelo menos, comece a dar mais atenção a ele.

Visão elevada

Viver na visão elevada significa que você está alinhado com seu propósito e seu coração. Você está experienciando uma vida guiada pelo coração e cuidando de si emocional, espiritual e fisicamente. Você está em equilíbrio.

Carma

Falarei muito sobre carma e sementes cármicas e, quando o fizer, usarei a metáfora do jardim, ou seja, o jardim cármico interno de sua mente. Entramos nesta vida com nossa tela longe de estar em branco. Pode-se dizer que o carma é como nossas predisposições genéticas e biológicas, transmitidas por nossa árvore genealógica, o que não quer dizer que devamos culpar nossos pais e antepassados por quem somos. Embora em algum nível isso seja real, quero chamar a atenção para o carma do modo como era compreendido pelo Buda histórico. Esse carma não atribui culpa; em vez disso, ele nos dá total propriedade sobre quem somos. O que direi a seguir não é algo para você beber como um refresco espiritual. Quero que você leve isso apenas como uma hipótese: e se nossas disposições cármicas forem herdadas de nossas ações de vidas anteriores? E se elas tiverem um impacto direto em nossa vida atual? Elas estão moldando a SUA VERSÃO ATUAL (mas a boa notícia é que elas não precisam mais fazer isso).

Não serei muito técnico a respeito de carma neste livro, mas convido você a pensar nisso como um monte de hábitos saudáveis e prejudiciais que você herdou. Essas tendências estão criando tudo o que você vivencia: aquilo que é bom, o que é ruim, o que é feliz e o que é triste. É nosso trabalho usar nossa capacidade de agir nesse processo criativo: compreendê-lo e encontrar ferramentas que nos apoiem a não permitir que essas coisas comandem nossa vida e tomem decisões por nós. Seu jardim cármico é onde você tem o poder de decidir quais sementes deseja cultivar a cada momento.

Mega boss

Um mega boss é alguém que vive seu propósito, inspira outras pessoas e leva positividade aonde quer que vá. No nível básico, é alguém que é honesto consigo mesmo e faz o Trabalho. Eles estão no seu caminho, estão fazendo seu Trabalho e, por isso, estão no ritmo da vida, colhendo os benefícios das oportunidades com as quais estão sintonizados, grandes e pequenas. Não importa a profissão que eles tenham; tudo o que importa é que eles amam o que fazem. Eles irradiam amor.

Mérito

O mérito está diretamente relacionado ao carma. O mérito, na verdade, ajuda a neutralizar o carma prejudicial (ou maus hábitos). Pense no mérito como dinheiro espiritual que é adicionado à sua conta bancária para compensar um saldo negativo. Algumas ações têm mais mérito que outras. Cultivar méritos é algo que pode ser feito com seus pensamentos, sua fala ou suas ações. Quando você pensa, fala e age gentilmente consigo mesmo e com os outros, está cultivando mérito positivo, está regando sementes benéficas no jardim cármico de sua mente e eliminando as sementes prejudiciais.

E, em algum momento, essas sementes benéficas florescerão em uma versão sua mais feliz e relaxada. Não acredita em mim? Experimente!

1
Saindo do armário espiritual

Parabéns, meu amor. Você deu um passo na direção de seu bem-estar, de seu coração. Sinto-me honrado por ter sua confiança para compartilhar o que sei ser verdade sobre aquilo que é necessário para nos curarmos e sermos felizes. Seu bem-estar exige tudo de você: mente e corpo treinados para ouvir seu coração. Prometo ser honesto e vulnerável e segurar sua mão enquanto atravessamos a ponte juntos. Você está pronto para embarcar nessa jornada comigo? Está disposto a fazer o trabalho?

Não será fácil, mas prometo que valerá a pena. Na verdade, às vezes pode ser assustador pra caralho. Mas, adivinha? Você merece. Faça um juramento agora. Repita comigo: *eu valho a pena.*

Nesse capítulo, comentarei as oito etapas do programa *Espiritualmente atrevido* para que você saiba o que está por vir. Compartilharei como foi meu desabrochar espiritual, e você começará a mapear sua maneira única de sair do armário espiritual, porque ser espiritual por dez minutos pela manhã não será o suficiente. Você é um mega boss, querido! Você é uma lenda viva e pode espiritualizar tudo.

UM NOVO TIPO DE ESPIRITUALIDADE

Então, que diabos eu quero dizer com "espiritualmente atrevido"? Existem muitos caminhos para a liberdade; o que há de tão interessante no caminho atrevido? *Espiritualmente atrevido* é o ápice dos meus estudos, do Ocidente ao Oriente, e vice-versa. Seu vocabulário não é budista em si. É mais a minha interpretação do que aprendi por meio de meu estudo do Budismo Tântrico e da psicoterapia contemplativa, e por ser viciado em libertação. É a sabedoria que vivencio e que se tornou minha força orientadora. Meus ensinamentos neste livro vão digerir o que aprendi no caminho budista, e as compartilharei com você de uma forma muito acessível, revolucionária e rebelde. Embora este livro utilize alguns princípios budistas, não é um livro budista. Na verdade, estou indo contra o que alguns de meus professores me dizem. É um ato rebelde, mas é o que sei e o que funcionou para mim.

Não há segredo nenhum: sou queer pra caralho, tenho pele marrom-clara pra caralho, tenho cabelo comprido e cacheado pra caralho, sou brasileiro pra caralho, rio alto, extrapolo, adoro dançar, chamo todo mundo de "meu amor" e direi "eu te amo" na primeira vez que o encontrar. Estas também são coisas reais sobre mim: eu era um viciado; tinha vergonha de minha sexualidade; eu achava que não valia nada; estava muito deprimido e ansioso; achava que ninguém jamais me amaria; eu alimentava meu corpo com lixo. Estas coisas também são reais: sou budista; medito todos os dias; dançar é uma forma pela qual pratico minha liberdade; estudei com mestres espirituais pelo mundo; pratico a bondade e o perdão comigo mesmo e com os outros como parte de meu trabalho diário; não sou perfeito. Todas essas coisas são partes de mim. *Espiritualmente atrevido* abre espaço para tudo isso e vai além para descobrir o que está por trás disso, a verdade a respeito de quem você é — seu coração atrevido e desperto.

Meu amor, há um lugar para você no mundo. Você merece ter a vida que deseja. Você merece curar as partes de si que estão machucadas. Merece saber que você não é sua bagunça mental. Você merece conhecer seu coração desperto; você é digno de ouvir os planos que ele tem para você. Não existem duas pessoas que seguiram o mesmo caminho, porque não existem duas pessoas que tiveram experiências iguais. Cada um tem dons diferentes e estamos aqui para compartilhá-los. Cada um tem feridas diferentes e estamos aqui para curá-las. Estou cansado de professores dizendo: "Essa é a única maneira..." Existem muitas maneiras de ser livre. As belas diferenças em todos nós são aquelas que o caminho espiritualmente atrevido honra. Eu quero que você seja diferente. Quero que você seja VOCÊ. Força total, querido! Porque a sua expressão verdadeira e genuína (o você que emana do campo de seu coração) é o que o libertará, meu amor.

A ABORDAGEM *ESPIRITUALMENTE ATREVIDA*

Minha abordagem é guiada por duas perguntas: Como VOCÊ pode ser melhor? E como você pode compartilhar seus dons com o mundo? Não sou um guru, mas tenho algumas ferramentas. Posso estar um ou dois passos à sua frente na ponte, mas estamos caminhando juntos. Meu jeito é inclusivo: honre-se exatamente como for. Meu caminho respeita sua sabedoria inata. Quem é você e o que veio fazer? O mais bonito disso é que *só você sabe*! Eu sou o canal, estou aqui apenas para lhe dar algumas ferramentas para ajudá-lo a brilhar da maneira como foi feito para brilhar quando veio para esta terra. Eu o ajudarei ao longo do caminho com uma linguagem que você entende.

O caminho *Espiritualmente atrevido* não é uma jornada passiva. Só porque eu o amo não significa que será fácil. Demanda sua participação total. Mas não tenha medo! Não pedirei que você fique em silêncio por trinta dias ou medite por longos períodos (mas não me entenda mal: você pode fazê-lo se quiser! Não estou criticando), ou que você pare de curtir a vida ou se vista todo de branco, ou escute uma falação de uma hora (mas se for a sua praia, tudo bem). O caminho *Espiritualmente atrevido* pede que você participe plenamente de sua evolução. E é aqui que entra a parte divertida.

Meu método de ensino consiste em trazer diversão e leveza — alegria — de volta à espiritualidade. Pedirei que você use todo seu ser no processo. Sabedoria da mente, do corpo e do coração. Pedirei que se mova. Estou falando sério. Às vezes você dançará e pulará. Você se lembrará de que tem um corpo. Por quê? Porque acredito, e a ciência provou, que o trauma está armazenado profundamente dentro de nós, e o movimento o expulsa. As coisas ficarão complicadas, e você sussurrará para si mesmo: "Eu me sinto um lixo, mas estou BEM!" Nós brincaremos. Por quê? Porque somos seres criativos. A criatividade é muito espiritual! Ao final disso, nos lembraremos de que somos seres criativos e geniais inatos, que simplesmente se esqueceram de como viver a partir do campo do coração.

É tudo uma questão de descobrir a parte de você que está totalmente desperta, o coração. O coração é a essência de qualquer coisa remotamente espiritual. A função da meditação, da atenção plena e dos ensinamentos essenciais do Budismo é agir com suas melhores qualidades, e suas melhores qualidades vivem em seu coração. Sofremos porque conduzimos a vida com a mente destreinada e profundamente condicionada, e não com o coração. Ponto-final. Na verdade, não tenho nada a acrescentar. Buda disse tudo. Sua Santidade, o Dalai Lama, disse tudo. Os grandes professores já disseram tudo. O que eu *realmente* tenho a oferecer é uma abordagem que as pessoas podem ouvir. Todas as pessoas. Que as pessoas podem entender. Como eu disse, sou o canal — o canal com pele marrom-clara, queer, imigrante, extravagante, alegre e dançante — dando-lhe algumas ferramentas para que você possa aprender a treinar, pacificar e purificar a mente para reconhecer a essência de seu coração. Não é tão fácil quanto parece. Mas, oh, não parece ser muito bom? Os oito passos deste livro são uma abordagem integrativa que inclui um toque moderno sobre os passos para a liberdade ensinados pelo Buda histórico. Pense em mim como um tradutor atrevido. A sabedoria permanece a mesma, mas há um novo professor na área. Meus passos, como já informei, são inspirados no budismo e em outras modalidades, mas são meus.

De que modo o *Espiritualmente atrevido* é diferente

Na primeira vez que fui à Índia e ao Nepal, vivendo em centros de retiros e mosteiros, tornei-me um praticante muito "sério". Quando digo "sério", o que quero dizer é que perdi minha conexão com a alegria. Ao intelectualizar a espiritualidade, eu estava perdendo o propósito. A mente gosta de uma história. Essencialmente, o que eu estava fazendo naquele tempo era viver uma história do que eu achava que as pessoas ULTRAESPIRITUAIS faziam. Essas pessoas eram muito quietas, comiam muito pouco, não riam alto e não se moviam de maneira extravagante. Para ser franco, como faltava diversidade nesses ashrams, centros de dharma e mosteiros, eu observava homens brancos heterossexuais e imitava a forma como viviam seu caminho espiritual. Mas eles estavam fazendo o que era necessário para a cura pessoal *própria*, não à minha.

Quando comecei a viajar e a conhecer mestres budistas tântricos, eu me deparei com um estilo de ensinar que fez todos nós na plateia rirmos: os professores eram atrevidos. Quando se expressavam, era um espetáculo maravilhoso. Havia muita coisa para cheirar, ver e experimentar! Todos aqueles prazeres sensoriais que normalmente nos distraem de nossos corações estavam me levando de volta ao meu, embora eu não me desse conta disso na época. Eu achava que aqueles mestres podiam fazer aquilo tudo porque já estavam totalmente despertos, e eu não poderia agir daquela maneira. Achava que precisava continuar no caminho asceta — até que finalmente percebi, com a ajuda desses mestres, que sou um praticante mais tântrico do que asceta. Tenho acesso a emoções extremas, gosto de coisas bonitas, gosto de rir e dançar. No caminho tântrico, tudo isto, e tudo o mais que o mundo moderno tem a oferecer, pode ser usado para nos ajudar a descobrir nosso coração.

Mais tarde, é claro, descobri que foi para isso que recebi meu chamado. Mas no início, quando vivia no Nepal e na Índia, fiquei obcecado por aqueles praticantes quietinhos que comiam muito pouco e se vestiam de forma muito simples. Mesmo assim, minhas diferenças ainda vinham à tona. Eu me pegava tentando sutilmente criar um estilo ao colocar minhas vestes. Eu trançava meu cabelo à noite para que, quando acordasse às 4:45 da manhã, ele ficasse bonito e eu tivesse tempo suficiente para malhar antes de ir para a sala de meditação. Até fui chamado à sala de meditação, onde me perguntaram: "Quem está pulando corda às cinco horas da manhã antes das prostrações?" Ops! "Oi, sou eu." Naquela época, eu estava começando a perder meu atrevimento ao tentar ser alguém que eu não era. Aqueles ascetas queriam renunciar à vida moderna porque esse era o caminho deles. Mas meu caminho é tântrico. Agora eu sei disso. Eu acredito em usar tudo o que o mundo moderno tem a oferecer para me conectar com a alegria e intenção a cada momento, todos os dias.

Encontrar meu caminho espiritual não foi apenas uma questão de "asceta *versus* tântrico". No espaço espiritual, as narrativas têm sido dominadas predominantemente por vozes heteronormativas, cisgênero e brancas. Como um jovem millennial de cor, muitas vezes me senti isolado, sendo uma minoria em vários níveis nesses espaços. Onde se encaixa um homem queer de pele marrom-clara do Brasil vindo da cidade de Nova York? Os espaços que eu conhecia não atendiam a jovens, às pessoas de cor, às pessoas de ambientes urbanos ou a millennials em geral. Eu ansiava por algo novo. Minha versão de espiritualidade não é lhe dizer como viver. Eu prometo que você nunca ouvirá isso de mim. Ensino de uma forma que removeu tudo de que eu não gostava na espiritualidade, as coisas com as quais não me conectei e aquelas que não foram úteis em minha jornada. O cerne de meu estilo de ensino é criar ambientes que sejam acessíveis e inclusivos para o mundo em que vivemos: pardos, negros, queer, heterossexuais, mulheres, extravagantes, masculinos, transgêneros — nosso mundo moderno. A forma como ensino tem muito a ver com a criação de um espaço seguro onde este tradicionalmente não existia. Esse é o espaço que venho procurando e que sei que muitos outros procuram.

Estou aqui para que todos saibam que espiritualidade não é sinônimo de branquitude. Estou aqui para destruir as verdades absolutas que foram despejadas sobre nós. "Somos todos um", por exemplo. Embora essa seja uma bela verdade, ela não se traduz muito bem no mundo moderno. Temos muitas diferenças. *Espiritualmente atrevido* acredita que todo mundo é um (alguém). E apesar do discurso sobre a "unidade de tudo", a sociedade não trata muitos de seus cidadãos como se fossem todos um. A sociedade diz diariamente a muitos de nós: você é diferente, você é mau, você está errado, você não é digno. Viver em um mundo tão injusto e acreditar cegamente na ideia de sermos um é, na pior das hipóteses, uma mentira e, na melhor delas, uma negação de como o mundo funciona no cotidiano. Sim, Ok, um amor. Mas, vadia, eu estava deprimido pra caralho! Essa unidade de tudo pode me tirar da cama? A unidade em tudo não está do meu lado quando entro em uma sala como o único corpo de pele marrom-clara e queer, quando, antes de abrir a boca, ideias e suposições sobre mim — que têm um efeito real na minha realidade — estão sendo comunicadas não verbalmente. A unidade em tudo também não me proporcionou um emprego ou mudou meus comportamentos. Essa foi minha experiência no início de minha busca. Muitas vezes, me senti "diferente", como a única pessoa de pele marrom-clara e queer em espaços espirituais. Faltavam-me linguagem e ferramentas para lidar com a depressão, a desconexão e a sensação de isolamento. Eu queria muito me conectar, mas sentia a realidade de minha experiência vivida invadir minha prática. A unidade em tudo não estava me ajudando. Como uma pessoa queer, imigrante, extravagante e de pele marrom-clara, eu era o diferente. E foi assim durante toda minha vida.

Certamente não estou sugerindo que vivamos na dualidade também, mas que precisamos de uma abordagem mais realista e inclusiva da vida moderna. Eu era digno daquilo? Eu fazia parte daquilo? A resposta finalmente veio. SIM! O SIM conquistado a duras penas é o que orienta minha prática de ensino hoje, e minha abordagem acessível e realista, com a qual as pessoas podem se identificar, é o que orienta o *Espiritualmente atrevido*. Eu *sou* diferente e isso é lindo. Eu *sou* diferente e tenho valor. Se a unidade em tudo é para todos, então *Espiritualmente atrevido* é espiritualidade para todos os outros.

Espiritualmente atrevido é algo profundamente pessoal para mim. No caminho, que compartilharei ao longo do livro, eu me perdi. Achei que me perder era uma parte necessária do processo. Não estou tentando ser engraçado aqui. Falando sério, pensei em não tomar banho regularmente, comer com as mãos e apenas uma vez por dia, vestir-me todo de branco, ser o mais quieto de todos... Eu pensei que *isso* era ser espiritual. Perdi o atrevimento durante esses anos. O que eu não sabia era que meu atrevimento era uma qualidade inata. É uma das formas pelas quais alcanço as pessoas; é uma das razões pelas quais me conecto.

O objetivo

O objetivo? Simples. Liberdade, docinho. Porque paramos de nos sentir uma merda. É hora de se tornar livre, não de ficar chapado. A chave para a liberdade? Conhecimento. Especialmente nos dias hoje, em que estamos cada vez mais conectados, vivemos completamente inconscientes do nosso eu mais profundo. Como resultado, reagimos à vida de maneiras fora de sintonia, o que nos deixa desequilibrados de inúmeras maneiras. Presos no circuito ininterrupto de sentir-pensar-reagir, não temos absolutamente nenhum espaço para responder à vida (às emoções, aos relacionamentos, a nós mesmos) de uma maneira hábil.

Espiritualmente atrevido, em sua essência, lida com a criação de espaço em nosso mundo interno para recuarmos — antes que as narrativas, os refrões e as orquestras de nossas histórias de medo/vergonha saiam na frente e respondam à vida no nosso lugar. Essas falsas histórias são a razão de nosso sofrimento. Além dessas histórias está a liberdade. O caminho é através do coração. No entanto, existe uma parede invisível que nos mantêm reféns de nossa mente condicionada e nos afasta do coração.

A liberdade é uma tarefa difícil, eu sei. Você pode ter muitas perguntas neste momento: *Como posso ser livre? Como é a liberdade? A liberdade é realmente possível?* Acredito que liberdade significa viver com propósito. Meus alunos me procuram por alguns motivos: porque a terapia só funcionou até certo ponto e porque eles querem um propósito. Todo mundo está procurando quem ofereça um propósito à sua vida, porque experienciar uma vida cheia de coisas que "deveríamos" fazer parece muito mais fácil do que abandonar essa ideia e investigar a vida interior. Mas você só foca o que "deveria" fazer por um tempo limitado. A liberdade é muito mais simples do que parece. Conhecer suas qualidades inatas de compaixão, bondade, criatividade e sabedoria (e usá-las) é conhecer a liberdade. Liberdade é encontrar sua profunda fonte interior de estabilidade, com a qual você pode contar não importa o que aconteça, e usar essa fonte interior é ter propósito.

Claro, teremos vislumbres da unidade em tudo. Mas talvez não todos os dias. Talvez no fim *realmente* cheguemos a ela, mas no caminho espiritual não há meta; trata-se simplesmente de descobrir o que já existe. E talvez tudo o que tenhamos sejam vários vislumbres, e tudo bem. Esses vislumbres se somam; são momentos de liberdade. Essa é a vida real no mundo real. A liberdade de que estou falando, porém, é absolutamente possível para todos nós, todos os dias. O tipo de liberdade de que estou falando acontece quando começamos a limpar nosso agir, quando aprendemos a respirar, quando criamos espaço entre os estímulos e as respostas habituais, quando conseguimos parar e sentar um pouco a cada dia, quando atualizamos nosso software interno um pouco por vez. No fim das contas, entramos em contato com nossas qualidades divinas — nosso coração.

Espiritualmente atrevido transformará a sua vida das seguintes maneiras:

- A mente fica menos pegajosa; com menos preocupações sobre o passado ou medos sobre o futuro, você realmente aproveita o momento presente.
- A mente deixa de se apegar aos fatos, de forma que os altos e baixos da vida não durem muito tempo.
- Sua mentalidade padrão se torna feliz, compassiva, sábia, criativa, abundante e corajosa.
- Você se torna proativo, não reativo.
- Hábitos malucos são domesticados.
- Desejos insaciáveis ficam sob controle e o corpo é energizado.
- Você reconhece sua essência.
- Você começa a ouvir seu coração.
- Você para de se culpar e de ser a vítima.
- Você fica de bem com as mudanças e aceita a impermanência de tudo.
- Você percebe que tudo está conectado.
- Você conhece a sua missão no mundo.
- Você facilmente vive com propósito.
- Por meio de ações diárias, você inspira outras pessoas.
- Você se torna uma vadia atrevida!

OS OITO PASSOS

Ok, meu amor, então, do jeito que eu planejei, os passos devem ser seguidos um após o outro, porque eles se complementam. Cada graduação contribui para seu despertar.

Passo 1: Conheça sua história para mudá-la.

Exploraremos os hábitos e padrões mentais que o mantém preso e aprenderemos maneiras de nos realinhar baseadas na ciência.

Passo 2: Aprenda a perdoar a si mesmo e aos filhos da puta que o machucaram.

Descobriremos o poder do perdão e da gratidão como um caminho direto para a libertação, tão necessário em sua jornada.

Passo 3: Borrife alvejante espiritual nos sistemas de crenças que o mantiveram atolado.

Eliminaremos as velhas formas de pensar e abriremos espaço para uma nova história que reflita seu coração fabuloso, não seu crítico interior.

Passo 4: Desperte sua sabedoria interior.

Aqui, seremos realistas sobre quais são nossos sonhos e objetivos e, em seguida, aprenderemos práticas de manifestação poderosas para ajudar a realizá-los.

Passo 5: Dê um nome ao seu superpoder.

Aqui você descobrirá seu superpoder inato ou sua assinatura pessoal. Explorará seus talentos e suas qualidades e vasculhará profundamente tudo o que tem a oferecer. Você descobrirá qual é sua missão única.

Passo 6: Acredite que você é incrível.

Você aprenderá a sair da frente de si mesmo em grande estilo. Exploraremos a realidade de como o medo do sucesso pode estar inconscientemente o impedindo.

Passo 7: Use o que você tem.
Aqui você aprenderá a importância de olhar além de si mesmo, para sua comunidade e sua tribo, e de pensar em como você retribui. Estar a serviço é um caminho sustentável para a libertação. Você aprenderá a usar o que tem para causar impacto.

Etapa 8: Continue detonando.
Esse é o nível de manutenção. Aprenderemos a desenvolver rotinas e práticas de condicionamento emocional que deem base à sua evolução contínua.

NÃO É UMA SOLUÇÃO RÁPIDA

O maior problema que vejo nas pessoas que buscam a transformação espiritual é a necessidade desesperada de que isso aconteça rapidamente. Mas soluções rápidas apenas reordenam o caos interno. Elas não o processam nem o removem de seu sistema. É imperativo que você percorra a jornada espiritualmente atrevida de maneira tranquila e lenta. Por quê? Porque levou muito tempo para que as causas e condições que sustentam a experiência que você está vivendo fossem criadas. Então levará um tempo para criar condições, que deem base a uma nova experiência.

O compromisso que quero que você assuma desde já é que percorra o livro até o final e experimente todas as práticas. Quero que você se comprometa com uma única coisa todos os dias: seu potencial para ser livre. Quero que você arrume um tempo diariamente para se lembrar de que há uma parte de você que já está desperta. Não se deixe intimidar pela palavra "prática". Praticar significa apenas reservar um tempo para se lembrar de sua natureza desperta.

2

A base atrevida

Neste capítulo, examinaremos os fundamentos do caminho espiritualmente atrevido. Se você está lendo este livro, deve haver hábitos, comportamentos e padrões que deseja mudar. Mas como iniciamos o processo de mudança? Quero ter certeza de que estamos alinhados em relação a você e, o mais importante, ao seu coração.

SEJA DONO DE SI MESMO

Eu me sinto tão infeliz! Por que estes sentimentos de merda são meu padrão? *Ugh!* Solidão, baixa autoestima, efeitos de traumas, feridas de infância, depressão, ansiedade, pouco valor próprio, rejeição, autoaversão, vícios, gatilhos. Acumulamos essas coisas — respostas à dor — ao longo da vida, pensando que truques e evasões mentais nos protegerão de mais danos, mas o que vivemos por meio da experiência é quase nada dessa proteção (sem querer lhe assustar).

Na verdade, nascemos com um jardim interno repleto de sementes cármicas virtuosas e não virtuosas. Nas condições "certas", elas florescem como tendências mentais, criando padrões habituais, tanto aqueles que dão base ao nosso coração como aqueles que nos mantêm presos ao sofrimento.

Como eu sugeri, façamos uma hipótese: pelo que os antigos indianos e o Buda histórico observaram, diz-se que partilhamos das mesmas tendências que os membros de nossa família, e pode-se dizer que escolhemos nossa família para que ela nos ajude a enxergar nossa mente e a nos graduar juntos, superando programas antigos e prejudiciais, e também a cultivar nossas sementes virtuosas, como a criatividade, a compaixão, a sabedoria, o amor e a alegria.

Por meio das condições "certas" que mencionei, seu jardim cármico é cultivado. Então, se seus pais gritavam, brigavam, bebiam ou simplesmente não estavam presentes, essa dinâmica inicial fez brotar sementes cármicas preexistentes que perpetuam o sofrimento. E, por meio de uma perspectiva científica, o estudo da epigenética transgeracional (que discutiremos mais à frente), você percebe: "Oh, meu Deus! Essas tendências estiveram na minha árvore genealógica o tempo todo!"

Mas não se desespere – nem tudo é ruim! A beleza de saber tudo isso é que, como a ciência prova, você pode redesenhar sua composição genética, pode mudar a arquitetura de seu cérebro e pode atualizar espiritualmente sua mentalidade padrão. E, ao fazê-lo, você eliminará de seu jardim cármico as sementes não virtuosas que vêm sufocando as virtuosas.[1] Você está mudando seu vocabulário para aquele da linguagem do coração, em vez daquele da linguagem do caos interno, e está sintonizando a frequência do coração, começando a permitir que ela o apoie, nutra e guie em seu caminho em direção à liberdade.

Você é bom

Lembro-me da primeira vez em minha jornada que me disseram que eu era bom. Eu estava no Himalaia fazendo um curso com uma freira budista canadense. Ela estava falando sobre a natureza de Buda e como todos são bons em sua essência. Eu ainda não estava de bem comigo mesmo, ainda muito desconectado, e quando ela conversava com a plateia, senti que estava falando diretamente comigo. Comecei a chorar, porque ninguém nunca me olhou nos olhos e me disse que eu era bom. Somos levados a acreditar que somos maus, errados, que não somos bons o suficiente, assim que dominamos a linguagem e, às vezes, até antes, por meio de todos os tipos de mensagens não verbais negativas. Comecei a pensar: *Que maldita epidemia! Por que não somos lembrados regularmente de que somos bons?*

Ninguém nasce mau. A verdade é que somos bons por natureza, somos mega bosses inatos, superestrelas, de visão elevada, Budas despertos. Nosso trabalho é liberar os bloqueios e véus que nos impedem de ver quem realmente somos.

O jardim cármico

Utilizo a metáfora do jardim neste livro e ensino porque a botânica, a ciência das plantas, é uma maneira simples de compreender melhor o conceito de carma. O carma, como você provavelmente sabe, trata tradicionalmente de ações: nossas ações acumuladas em vidas passadas e os efeitos dessas ações que foram traduzidas nesta vida. Há algo de útil nesse conceito, mas pode ser algo abstrato demais para muitas pessoas. Então gosto de usar a ideia de um jardim. Imagine que cada um de nós tenha um jardim em mente. Ideias e crenças, padrões e hábitos são as plantas que crescem nele. Nós temos a tarefa de cuidar do jardim nesta vida. Qual é o trabalho principal da jardinagem? Capinar, plantar novas sementes, regar e nutrir continuamente o que é bom e eliminar o que é prejudicial ou indesejado.

Como esse jardim é feito de hábitos mentais, o meio que devemos usar para cuidar dele também é o poder da mente — nutrindo boas intenções, trocando pensamentos negativos por positivos, cultivando o mérito, desejando o bem aos outros e ajudando as pessoas, compreendendo os padrões da mente, introduzindo novos caminhos neurais para padrões e comportamentos mais saudáveis e criando hábitos. Estamos falando de nutrir essas sementes e eliminar continuamente velhos padrões, hábitos e comportamentos. Coisas antigas aparecerão como gatilhos, emoções e sentimentos negativos, que desencadeiam comportamentos antigos. Por exemplo, toda vez que passo por alguém fumando, o desejo é desencadeado em mim e tenho de ativamente escolher eliminar o pensamento, substituindo--o por outro. Isso é apenas o fruto de um velho carma. Eu não tenho de colhê-lo. Posso colher uma fruta melhor que plantei, e, no fim das contas, esse velho carma se acalmará e parará de crescer tanto.

A beleza do jardim cármico é que ele é seu, e você pode aprender a ter poder e controle. Você tem o poder. Você é o jardineiro e o arquiteto paisagista. Você decide o desenho desse jardim e o que deseja cultivar pelo resto da vida. Uma vez que percebamos que cada intenção, pensamento, sentimento, palavra e ação que sustentamos está nutrindo uma semente benéfica ou uma prejudicial, podemos ver o quanto estamos no controle.

Então, ou seu jardim tem sementes que lhe libertarão, ou tem sementes que lhe manterão preso: é simples assim. Que sementes você vem regando? Aposto que, sem saber, você nutre algumas sementes prejudiciais, que o mantêm em um ciclo de infelicidade. Isso está prestes a acabar. Você está perto de mergulhar fundo em sua mente e, ao final deste livro, terá a capacidade de fazer escolhas muito mais sábias a respeito de como deseja que seu jardim seja, a todo momento. Você terá uma compreensão muito melhor sobre a aparência das ervas daninhas, sobre quais é atraído, e vice-versa, e sobre quais flores e plantas lindas e saudáveis você deseja que se desenvolvam ainda mais.

Também quero que você entenda que não existe carma ruim. Existe apenas carma. A vida é uma grande dança de luz e escuridão. Você só precisa aprender a dançar com ela. Não seríamos atrevidos se não tivéssemos um equilíbrio de ambas, mas equilíbrio é a chave. Quando o carma prejudicial começa a dominar, nós nos sentimos fora de controle e precisamos dar uma conferida no jardim. O carma em si é atrevido. Faz de nós o que somos. Cada um tem os próprios assuntos, belos e únicos, para trabalhar. Seu trabalho o torna quem é. Estamos aqui para resolver isso, então não devemos ter vergonha disso. O carma é o grande equalizador; todos o têm; todos têm merdas a resolver, meu amigo. Mas você será um disseminador de sementes positivas ou negativas?

Preenchendo sua conta bancária espiritual

Gosto de pensar no conceito budista de mérito como dinheiro espiritual. Está diretamente relacionado ao carma. Além de aprender pensamentos e comportamentos novos e mais eficientes, outra forma poderosa de purificar a mente e cultivar o carma virtuoso é por meio do mérito. Mérito é algo que você acumula, e uma das maneiras mais poderosas de acumular mérito é sendo generoso. Basicamente, quando você ajuda os outros, quando faz alguém se sentir bem ao lhe fazer um elogio ou agindo de forma altruísta, você envia amor e votos de boa sorte. Essas ações não apenas beneficiam os outros, mas também aumentam sua conta bancária espiritual e atuam como um fertilizante em seu jardim cármico. Essas ações despejam água nas sementes positivas que você plantou e incentivam o crescimento em sua vida e na vida de outras pessoas. Ajudar os outros e fazer com que se sintam bem é uma das coisas mais espiritualmente poderosas que você pode fazer.

Neste livro, sempre direi coisas como "para o bem maior de todos". Isso porque, novamente, nada do que você faz acontece no vácuo. Você causa um grande efeito nas pessoas com que entra em contato. Neste livro, você trabalhará muito por conta própria, mas sempre voltarei à pergunta: *Como você pode ajudar os outros?* Tudo o que fazemos no caminho espiritualmente atrevido deve ser para o bem maior de todos, não apenas de nós mesmos. Estamos interligados. Todos os jardins alimentam uns aos outros. Quando você ajuda a si mesmo, ajuda os outros. Essa é uma grande verdade.

ALCANÇANDO SEU CORAÇÃO

E se eu lhe dissesse que seu único trabalho nesta vida é viver a partir do coração e expressar ao mundo a missão de seu coração, por meio do serviço, da ação e do amor? Não é uma tarefa complicada, certo? É essencialmente isso que queremos dizer com ativar seus superpoderes inatos, e esse é o cerne da abordagem espiritualmente atrevida.

Seja você. Você sabe quem esse você é. Ou... será que você sabe mesmo? Se eu perguntasse quem você é, você poderia dizer: "Meu nome é Alex, moro em São Francisco, sou pai de um cachorro, tenho dois irmãos, sou arquiteto, estou solteiro." Não é desse Você que estamos falando. Esse é o Você que você mostra ao mundo ("Oi, mundo; me aceite, eu sou normal, eu estou bem"). Eu quero que você vá mais fundo. O Você com V maiúsculo de que estou falando vive em seu coração, meu querido. Provavelmente você precisa de um pouco de ajuda para lidar com as ervas daninhas de seu jardim cármico, com todas as besteiras que lhe ensinaram e as merdas que a sociedade lhe enfiou goela abaixo, para ter alguma ideia de quem ou do que você é. Provavelmente, por trás do Você que você mostra ao mundo, você está lidando com pensamentos opressores de inadequação, da síndrome do impostor, de falta de dignidade, de baixa autoestima, de ressentimento, de vocabulário interno negativo, de ansiedade e depressão. E mais e mais. Não se sinta mal — estas são as habilidades que nos ensinaram para lidar com a vida: fingir que está tudo bem, fazer o que for preciso para sobreviver e se encaixar, e engolir seus sentimentos ou reprimi-los com vícios como drogas ou álcool, internet, comida, pornografia, pessoas degradantes, e assim vai. Mas agora é hora de 1) descobrir quem você é e 2) aprender maneiras saudáveis de dar base a essa versão sua.

Então vamos tentar novamente. Docinho, você sabe quem você é? Tipo, de verdade? Isso é fundamental. Apesar de toda a merda acontecendo dentro de você, ao seu redor e no mundo, e se eu lhe dissesse que há uma parte de você que está sempre em paz, sempre livre, sempre alegre e que, com prática, você poderia aprender a acessar essa parte de si e confiar que ela será seu jeito padrão de ser? A etapa que vem antes das oito etapas deste livro envolve descobrir esse eu (tipo, olá, onde diabos você esteve enquanto eu estava aqui estressado e passando por tantas merdas?). Os oito passos deste livro têm como objetivo ajudá-lo a construir uma vida em torno dessa pessoa. É aí que eu entro, onde este livro entra.

Se sua vida não está à altura de quem você sabe que é, daquilo que você sabe lá no fundo ser o seu potencial, você não está sozinho. A vida é difícil! Ser humano é difícil! Viver com outros humanos é difícil! Às vezes é como uma porra de uma pista de obstáculos. E é um show de merda emocional lidar com a dor de cabeça e tentar administrar nosso mundo interno enquanto atuamos no mundo. Não é de admirar que nos percamos ou saiamos do curso. Não é de admirar que nos ensinemos a nos esconder. Não é de admirar que evitemos nos conectar. Pelo amor de Deus, estamos apenas tentando nos proteger! Pode ser assustador lá fora!

Toda essa conversa sobre o coração e sobre quem você é de verdade pode parecer besteira. Você provavelmente está pensando: "Quem é esse carinha me dizendo que eu não sei quem eu sou?" Essa é uma resposta natural da mente. Por causa de nosso condicionamento, o padrão da mente não treinada é julgamento e mesquinharia para conosco e com os outros; o padrão da mente é ser cética e desconfiada. Ela é medrosa, paranoica, cruel e tenta protegê-lo do constrangimento e do fracasso falando merda para você e sendo mesquinha, convencendo-o a não correr riscos e depois envergonhando-o quando você o faz. Que deprimente. Ela não está *tentando* arruinar sua vida, é apenas o modo como seu antigo programa de processamento funciona. Ela é toda fodida. Ela vai em frente, não para, fala, conta e prevê o futuro, e geralmente é bem negativa. Quantas vezes sua mente pensa: "Eu sou incrível e fiz um ótimo trabalho, todo mundo me ama"? Mais frequentemente, sua mente provavelmente pensa:

"Devo ter sido um estúpido; realmente estraguei tudo. Eu me odeio. Sou um pedaço de merda. Vai se foder." Estou certo? Sua mente também é brilhante, claro, não me leve a mal, mas se sua mente *neurótica* (aquela que nunca se cala) fosse uma pessoa, você nunca iria querer sair com ela! A mente está fazendo isso, acredite se quiser, para mantê-lo seguro (falaremos sobre isso mais adiante neste livro).

Mas seu coração. *Hmmm!* Só de pensar nele, fico mais calmo. Mas é importante compreender que a mente e o coração são indistinguivelmente um — eles simplesmente pararam de se comunicar. Se sua mente destreinada é aquela pessoa com quem você jamais deseja sair por aí, seu coração desperto é seu amigo mais estimulante, receptivo e amoroso, com um sorriso caloroso, generoso e gentil e que faz você se sentir como se tudo estivesse bem. Esse amigo mora em você, meu querido. Ele vive em todos nós. Só que a mente pode falar tão alto, que acabamos nunca ouvindo o chamado do coração. Ele está sussurrando: "Ei, vem dar uma volta comigo, você é digno de alegria e prazer incondicionais". Mas você não consegue ouvir. Portanto, o coração (trocadilho intencional) dos passos espiritualmente atrevidos — a razão disso tudo — é desviar sua atenção da mente neurótica e barulhenta para a base de seu ser, o coração. A liberdade está esperando por você lá.

DO QUE ESTAMOS FALANDO QUANDO FALAMOS DO CORAÇÃO

Eu quero voltar ao coração. Eu sei, eu sei, eu sei... Estou obcecado por ele. Mas é hora de você se aprofundar neste programa do coração. Vamos deixar algo claro: quando falo sobre "o coração", não estou falando do coração romântico. O coração romântico é um aspecto do coração espiritual. E não estou me referindo ao órgão físico pulsando em nosso peito. De acordo com o tantra budista, o local onde o coração-órgão vive é o caminho para nosso coração espiritual, aquele lugar de sabedoria dentro de você onde reside sua essência.

Esse coração profundo de que estou falando é o nosso estado natural. No Budismo, eles o chamam de natureza de Buda. É o nosso potencial de estarmos despertos e lembrarmos que já somos Budas iluminados. Nós simplesmente esquecemos. A linguagem do coração espiritual é solidária, compassiva, gentil, corajosa e criativa. E o padrão de grande parte da mente foi condicionado pelas sementes cármicas preexistentes da insegurança, da dúvida, da vergonha e da culpa.

Quando falamos sobre o coração espiritual, um jeito melhor de descrevê-lo — embora seja muito difícil fazê-lo com palavras, porque ele não se comunica por meio delas — é como um saber interior profundo. Não é algo que *eu sei*. É um *saber*. Observe a diferença. Até mesmo o sujeito testemunha desaparece e vem à tona apenas o *saber* puro.

Volte-se para o coração sempre que possível e permita que o saber interior surja! É isso que permeará as áreas de sua vida. Ele vai guiá-lo para aquilo que você precisa comer para criar um corpo mais saudável. E para o que precisa fazer para mudar sua mentalidade padrão, deixando os pensamentos e sentimentos pouco favoráveis, negativos e inábeis, e passar a ter os impulsos de apoio habilidosos e compassivos do coração espiritual. Ele vai guiá-lo a respeito de qual é seu propósito no mundo.

Como humanos, nós recebemos a capacidade de pensar e sentir, bem como nossos sentidos — olfato, visão, tato, paladar e audição. Essas são ferramentas que temos para nos ajudar a nos recalibrar de volta para a direção do coração. Acredito que o propósito da vida humana seja entrar no coração a ponto de se tornar uma estação transmissora de cura, de amor — uma fábrica de compaixão onde você também ajuda outros a entrar em um estado equilibrado e regulado.

É importante parar de perguntar por quê, porque o PORQUÊ é a mente querendo trazer mais coisas de forma linear. Os porquês nos mantêm distraídos dos comos. Como posso viver melhor? Como chego mais perto do coração? Como posso ajudar os outros? Como posso fazer melhor hoje? Em vez de perguntar por quê, pergunte COMO. Como é uma pergunta centrada no coração.

A parte bonita desse trabalho é que, quanto mais você avança no caminho espiritual e quanto mais se conecta ao coração espiritual, menos perguntas surgem. Você se torna menos questionador e mais receptivo. Você começa a ver harmonia mesmo nos lugares mais caóticos. Você reconhece sua capacidade inata de se conectar com o potencial até mesmo das partes mais danificadas. E quando você é mais receptivo à realidade e aos mistérios da vida, essa sensação de aceitação permeia todo o seu ser. É aí que você sabe que o trabalho espiritual está funcionando. Você não está mais se entorpecendo porque não consegue encontrar respostas. Você já estabeleceu um conhecimento fundamental que reverbera aceitação de tudo. É muito diferente de nosso modo padrão habitual, que sempre procura quantificar e adicionar camadas e mais camadas de *por que, mente*; *por que, coração*; *por que isso*; *por que eu*; *por que minha vida*; *por que*; *por que*; *por quê*?! O conhecimento interior surgirá e o sentimento de aceitação o permeará, e isso se tornará o seu padrão.

Isto é totalmente possível. Na verdade, já está aqui. Quando treina a mente, você descobre sua essência. Esteja aberto ao mistério da vida. Se soubéssemos as respostas de tudo, a vida seria muito chata. Você ficaria entediado. Eu ficaria entediado. Confio que mais e mais respostas surgirão em minha vida. E aqui está a beleza: quando existe uma verdade, existe um saber com a totalidade de seu corpo. Quando o corpo está em um estado calibrado, em um estado de cura, a mente está relaxada, e quando o coração fala, você simplesmente sabe. Arrepios não mentem. Confie nessa comunicação.

A LINGUAGEM DO CORAÇÃO

Como já informei, a mente e o coração são indistinguíveis, mas se comunicam de forma muito diferente.[2] Pode ser útil pensar nisso com a figura de uma carruagem. Os cavalos que conduzem a carruagem são os sentidos, e o cocheiro (também conhecido como a mente) guia os cavalos com todas as tendências neuróticas e malucas (sementes cármicas, predisposições genéticas), e dentro da carruagem está o coração. Assim, a mente não treinada, apoiada pela força dos cavalos, é orientada para o desejo — ela quer coisas, quer constantemente consumir coisas para se sentir melhor. Ela não consegue aceitar a natureza mutável das coisas. É insegura, por isso anseia por aprovação, atenção e distração, mas no final, tudo o que resta é um desejo por clareza e despertar, que habita no coração. O coração, por outro lado, tem necessidades, em oposição a desejos. As necessidades são diferentes dos desejos. Embora os desejos nos levem a prazeres de curto prazo e soluções rápidas, as necessidades são coisas sem as quais não podemos viver, especialmente porque, cada vez que uma necessidade é atendida, é pavimentado o caminho para um jardim interior feliz. Assim, seus sentidos são treinados e a mente se apoia mais no coração. Assim como nosso corpo físico precisa de água, comida e sono para viver, o coração precisa de amor, sabedoria, compaixão e alegria — e cada uma dessas qualidades irá ajudá-lo a ver a si mesmo e o mundo de uma maneira diferente, cada uma servindo a um propósito diferente, ainda que inseparáveis, tais como as quatro direções cardeais em uma bússola. Então você ouvirá essas necessidades enquanto o coração procura redirecioná-lo de volta ao equilíbrio e ao caminho da liberdade. Que legal isso, não é? Neste livro, você aprenderá a ouvir os sinais sutis do coração para poder intervir e conduzir a carruagem.

As quatro faces do coração

Na literatura budista tradicional, as quatro faces do coração são chamadas *Brahmaviharas*. Eu pessoalmente adoro a sonoridade disso. Então é claro que as traduzi de uma forma que considero mais aplicável a nós, mega bosses modernos e atrevidos.

1. **Amor:** o amor é simplesmente nosso desejo inato de que nós e os outros sejamos felizes. Quando você pensa sobre amor e relacionamentos, e quando diz a si mesmo, aos amigos e a seus amantes "Eu te amo", o que você está realmente dizendo é "Eu apoio você para que seja feliz". Fomos condicionados a existir desesperadamente em relação ao amor a partir de um lugar de carência e escassez. Isso não poderia estar mais longe da verdade. Você nasceu sabendo amar e ser amado.
2. **Autocompaixão e compaixão:** vamos dedicar um momento a reconhecer que todos, sem exceção, assim como você e eu, desejam as mesmas duas coisas: ser felizes e livres de sofrimento. A compaixão se apoia na ação — acontece por meio do movimento, do fazer algo para aliviar seu sofrimento e o sofrimento dos outros.
3. **Alegria:** é um estado de contentamento inabalável e sua capacidade inata de se deleitar com a felicidade, o bem-estar e o sucesso, seus e dos outros.
4. **Sabedoria:** pode-se dizer que esse é o tempero secreto. É a base a partir da qual as outras qualidades funcionam de forma sustentável. Tradicionalmente traduzida como equanimidade, a sabedoria é uma tranquilidade interior, um estado de equilíbrio interior que o ajuda a ver a realidade com clareza, sem os filtros adicionais da mente destreinada. É a capacidade de manter o coração aberto e com acesso direto às suas qualidades inatas, perante o próprio sofrimento e o de outros.

No caminho espiritualmente atrevido, você aprenderá a se conectar com o coração assim que necessário. Tão veloz quanto uma solução rápida, você aprenderá a recorrer à sábia e solidária orientação interior. Nós nos treinaremos para ficar fluentes nessa modalidade interna. A parte bela desse trabalho é que, uma vez que entremos em contato com o coração espiritual, impactamos tudo e todos ao nosso redor. Não somos mais uma onda de rádio de estresse. Nós nos tornamos uma onda de rádio de compaixão, bondade, criatividade, coragem e inspiração.

Em meus ensinamentos, o coração é onde você tem acesso ao seu sábio professor interior. É a nossa porta de entrada para a parte de nosso eu que não sofre, mesmo quando acreditamos que nosso eu está sofrendo. Em alguns ensinamentos, o coração será a mente supersutil, ou a mente superconsciente, ou a alma, ou o eu superior. Dê o nome que quiser, o nome que parecer verdadeiro. Para mim, chamá-lo de "coração" é uma forma de trazer um vocabulário comum e torná-lo algo que possamos entender, para que possamos aprender que é por meio do caminho do coração que nos tornamos livres. Algumas pessoas chamam isso de espírito. Elas dizem: "O Espírito me disse isso e aquilo". Quero que você deixe de procurar respostas fora e olhe para dentro. Este livro inteiro fala de voltar-se para dentro.

SAINDO DO ARMÁRIO ESPIRITUAL

Comecemos pelo princípio: vamos nos revelar e ter orgulho disso. *Espiritualmente atrevido* tem tudo a ver com honrar sua singularidade, seu eu autêntico. Professores espirituais dirão que somos todos um. Mas quando você entra em um espaço e é visivelmente diferente de todos ali, e o mundo lá fora parece inseguro e hostil à sua "diferença", a unidade de tudo, em um sentido realista, pode parecer algo bem falso. Definitivamente, essa vem sendo a minha experiência. Normalmente, o que queremos dizer quando dizemos "diferente", mesmo que o digamos de uma forma positiva, é "outro". Você só pode ser "outro" pelo ponto de vista convencional *mainstream* (branco, cis, heteronormativo). Portanto, embora a unidade em tudo seja uma boa ideia, e embora espiritualmente eu concorde com ela em teoria, o mundo em que vivemos hoje ainda não chegou lá. Quando você sente que precisa abrir espaços para rastejar antes de começar a sentir qualquer sensação de segurança ou pertencimento — quando essa é a sua realidade, a ideia de sermos UM parece falsa. Então estou chamando essa noção de besteira. Embora possa ser verdade (isto é, se o racismo e a homofobia não existissem) que espiritualmente, se nos despíssemos até só sobrar o coração, seríamos de fato um, não considero o conceito relevante. Em vez disso, quero ver uma celebração da diferença, uma celebração da sua magia única, que você trouxe aqui para compartilhar. Sua magia o libertará.

Tenho esperança de que, no fim das contas, nós chegaremos a esse lugar fortalecidos, mas até lá, pode ser incrivelmente doloroso esconder partes de si ou tentar se conformar aos padrões dominantes, ou simplesmente sentir a dor e a vergonha de não se encaixar, de não se sentir aceito, de ser discriminado ou evitado. Para mim, dói escrever isso, porque, enquanto digito, penso em minha experiência ao tentar encontrar minha voz pessoal, espiritual e até sexual. Saí do armário não apenas como queer, mas como uma pessoa espiritual, e celebrar minha individualidade não foi algo para todos. Eu tive de aprender que eu era Ok. Eu não sou para todos. Foi um risco que valeu a pena correr. E a recompensa foi profunda. Encontrei-me, encontrei minha tribo e encontrei minha missão na vida. Talvez, quando sair de seus armários metafóricos, você não seja para todos. Mas preciso que você confie que encontrará a tribo, o propósito, a abundância, a cura, e cumprirá isso sendo verdadeiro consigo, o Você com *V* maiúsculo.

~~Seja como todo mundo~~ Seja você mesmo

Quero que você mude a ideia que tem daquilo que lhe disseram sobre ser diferente. Sou diferente por causa do que está acontecendo dentro de mim, que é diferente do que está acontecendo para você. E, claro, também temos diferenças externas. Quando começamos a limpar nossos obscurecimentos mentais e a construir uma ponte para o coração, percebemos que o fato de não sermos todos iguais, de sermos feitos de uma infinidade de diferenças, é lindo. Mas primeiro temos de fazer um trabalho individual, honrar nossas diferenças, nossa beleza, e então seremos capazes de ver beleza nas outras pessoas.

Mas não foi fácil chegar a esse entendimento. Como um homem de pele marrom-clara e queer, eu estava farto e cansado de entrar em espaços espirituais e ter um homem branco e hétero me ensinando coisas. Eu havia chegado ao limite com isso. Nunca me sentia parte de algo. Mesmo no Nepal, em um retiro silencioso de 30 dias, havia 250 pessoas, mas apenas 3 pessoas pretas! Havia uma mulher preta, um homem preto e eu. Esse reconhecimento da diferença influenciou profundamente minha prática e meus ensinamentos, e este livro é um convite para levar a espiritualidade a todos, especialmente àqueles que nunca se sentiram acolhidos em um mundo que menospreza as diferenças.

Só você sabe qual é seu tempero especial. É isso que torna a vida divertida. Isso é o que o torna belo. Vamos parar de mentir para nós mesmos e acreditar que somos iguais e, em vez disso, tornar nossa singularidade parte de nossa vida espiritual. Sua personalidade é, na verdade, uma expressão de seu coração neste mundo. O propósito dela é ajudar a guiá-lo em seu caminho único. Você nasceu para rir, brincar e dançar da maneira que só você pode. É assim que você encontra sua tribo, sua missão. É a cor, o padrão, a textura, a fragrância de seu coração. Pare de escondê-los. Pare de se esconder. O mundo precisa de seu perfume característico, de seu toque de cor radiante, de seu padrão ousado. Eu preciso de você. Nós precisamos de você. Você precisa de você.

Quando falamos sobre ativar os superpoderes inatos, estamos falando sobre convidar as pessoas com quem você tem contato a fazer o mesmo. As pessoas serão inspiradas pela maneira como você fala, pelo jeito com que se comporta e anda, pela maneira como segura o garfo, pela forma como se veste. Dizem-nos que viver nossos sonhos e fazer o que amamos é algo egoísta e inútil, mas estou aqui para lhe ajudar a refazer esse vocabulário e toda sua narrativa.

Talvez você esteja animado, talvez esteja com medo. Tudo bem. Estou falando de honrar o ponto em que você está e levar isso a cabo de qualquer maneira. Todo mundo tem um calcanhar de Aquiles. Todos fizemos nossas cagadas. E geralmente elas saem para dizer "*Buu!*" quando você mais precisa de silêncio — você sabe, aqueles momentos em que você poderia usar coragem ou autocompaixão e, em vez disso, leva na cabeça um ataque de dúvidas, insegurança, culpa, medo, ansiedade, depressão, autopiedade, autoflagelação ou o que quer que seja. Ou talvez você seja como eu e seu mundo tenha desmoronado, então você está buscando respostas, a verdade, a si mesmo. Onde quer que esteja, suas questões o encontrarão. Você entendeu: as coisas aparecem de maneira diferente em cada pessoa, e é nosso trabalho trazê-las à luz e parar de permitir que comandem nossa vida. Vamos começar. Garanto que você chegará do outro lado da ponte.

3

Sua história atual

Passo 1: Conheça a sua história para mudá-la

Para descobrir quem é, primeiro precisa entender quem você *pensa* que é. Quais são os sistemas de crenças que o mantêm preso? Precisamos saber disso para que possamos derrubá-los e reconstruí-los. A sua história muitas vezes não é o seu verdadeiro Você. Anteriormente, compartilhei um pouco sobre minha história e o que me levou ao meu despertar. Quando minha vida começou a desmoronar, a história que ela carregava também se desfez. Frequentemente algo impulsiona o nosso despertar; o modo como despertaremos, porém, será diferente para cada um. Minha história envolvia uma definição de sucesso que não correspondia a quem eu era. Tive de olhar para aquela história de todos os ângulos e, então, descobrir o que restava. Imagine isso como se você saísse de um filme, se sentasse na plateia e passasse a assistir o que está acontecendo. Considere: o que cria o círculo vicioso de sua história? O que você está ruminando? Com que você está se preocupando? Como você está sabotando sua liberdade pessoal e sua capacidade de cultivar o sucesso interno e a abundância externa em sua vida? É para isso que nos voltaremos neste capítulo.

COMPREENDENDO A MENTE

Vamos começar com a mente. Você tem de usar o poder da mente para criar um pequeno espaço entre Si e os pensamentos que tem. Esse é o primeiro passo para localizar o Você. Você não é quem pensa que é. *Ahn... Do que esse cara está falando?*, você pode estar pensando. *Sou um ser humano, é isso que sou — Eu sou eu!* E realmente você é, não posso contestar isso, mas quando digo "Você não é quem *pensa* que é", estou me referindo literalmente aos pensamentos da sua cabeça. Você poderia até dizer: "Sou inteligente, meus pensamentos são inteligentes e me ajudam a tomar decisões". E isso seria verdade. Você é brilhante e muitos de seus pensamentos são úteis, mas a maioria provavelmente não é. Especialistas estimam que a mente tem entre 60 mil e 80 mil pensamentos por dia. Isso representa uma média de 2.500 a 3.300 pensamentos por hora.[1] Nosso trabalho neste capítulo é compreender a qualidade desses pensamentos e, em última análise, redesenhar nosso relacionamento com eles. Compreender a qualidade de nossa paisagem interna nos dará as informações de que precisamos para nos libertarmos. Reconhecer o papel e o poder dos pensamentos é o primeiro passo.

Os sentimentos influenciam os pensamentos e vice-versa. Juntos, eles influenciam a ação. Agora já reconhecemos que muitos de nossos pensamentos são úteis e brilhantes. Mas quero falar sobre os pensamentos que temos e que tendem a ser incrivelmente delirantes. Esses pensamentos realmente não são confiáveis. São filhos da puta persuasivos, esses pensamentos — vivem em sua mente, nunca calam a boca, fazem você acreditar em um fluxo constante de mentiras sobre quem você é e como o mundo o vê. Por exemplo, quantas vezes por dia você se chama de burro? E de feio? Quantas vezes por dia você tenta se convencer de que nunca terá amor, de que não é digno disso, de que deveria simplesmente desistir de seu objetivo? Quanto mais pensamentos negativos você tem, mais passa a acreditar que eles *são* você. Não! Eles não são.

Você passou a vida ouvindo mentiras, e é hora de tomar o controle de volta e se tornar o mega boss de sua mente. Esse chefe é sábio, não é agressivo ou reativo. Para ser o mega boss de sua mente, você deve ser um espectador proativo, assistindo ao teatro se desenrolar com um sorrisinho no rosto e balançando a cabeça de um lado para o outro. Você pode ser tão boss que se divertirá com isso — talvez pensando "mente boba" —, e nunca, jamais será arrastado por ela. Você sabe mais, sábio chefe. O problema dos pensamentos é que eles pensam por si mesmos. São espontâneos, automáticos e realmente não precisam de nenhuma ajuda sua. Ficar lutando contra eles não funciona porque são irracionais e aleatórios. Entrar em uma briga de pensamentos consigo mesmo é totalmente inútil. "Cale-se! Pare com isso, eu me odeio, *ugh!*" Você estará entrando em um ciclo negativo de pensamento/insulto ininterrupto... Contra si. Em vez de falar sozinho, você aprenderá, com a prática, a sentar e apenas observar — e ser o boss.

Assim, em vez de tentar controlar os pensamentos, o que seria inútil, devemos nos concentrar naquilo que está sob nosso controle: nossa relação com eles. Devemos parar de enxergar cada pensamento como algo que nos exige alguma ação ou reação. Quando fazemos isso, eles ficam muito mais silenciosos. Mesmo aqueles mais negativos e ansiosos começam a se acalmar, porque não arrancam mais uma reação sua. Pensamentos negativos adoram o ciclo de pensamento/insulto negativo! Quando esse testemunho amoroso acontece, você está descobrindo sua natureza e se reconectando ao coração. Quando você para de lidar com eles, como com crianças, os pensamentos se acalmam e voltam a desenhar, ou o que quer que seja, silenciosamente. É como deixar uma criança que está tendo um chilique chorar tudo o que precisa chorar, enquanto você cuida de seus assuntos. Você está treinando sua mente para depender menos de suas reações. Sabendo que não conseguirão uma reação, no fim das contas, os pensamentos se acalmam e param de chorar. Temos de fazer a escolha consciente de deixar nossa mente ter seu chilique, enquanto graciosamente nos sentamos e assistimos, deixando a tempestade passar, em vez de sermos apanhados por ela e sermos emocionalmente arrastados.

Prática rápida:
Observe seus pensamentos como um mega boss

Nota: lembre-se, um boss não julga. Apenas observa, sem julgar ou rotular. Fique em silêncio e apenas observe.

- Esteja onde você estiver. Você pode ficar sentado, de pé, estar transitando para o trabalho ou relaxando no sofá, não importa.
- Acerte um cronômetro para contar cinco minutos e simplesmente observe sua mente pensando, sem se envolver.
- Observe quaisquer histórias mentais como raiva, dúvida, medo ou culpa. Apenas observe; não se envolva.

O problema é que normalmente nunca chegamos tão longe, até a parte observadora. Em vez disso, ficamos profundamente envolvidos, emaranhados e dedicados. Você tem um desejo, você o satisfaz; você tem um pensamento de que se sente um lixo e consome meio litro de sorvete; pensa que a pessoa de quem você gosta não mandou mensagem e por isso se sente mal e com sua imagem, então vai fazer compras para se sentir melhor, e gasta dinheiro que não tem. Sua história atual provavelmente inclui ser regularmente arrebatado por pensamentos e sentimentos, que levam a um comportamento, por sua vez impulsionado pelo desejo de se sentir melhor. A intenção é boa — uma parte de sua mente polarizada está tentando protegê-lo — mas, quando seguimos os caprichos de nossa mente, com que frequência nossas escolhas e nossos comportamentos dão suporte ao nosso coração? Devemos aprender mais e fazer escolhas mais sábias.

O ciclo (circo) medo/reatividade

A psicologia budista diz que os sentimentos surgem primeiro; depois, eles são processados pela mente; os pensamentos reivindicam os sentimentos, e então reagimos. Isso é o que gosto de chamar de circo da reatividade. Por quê? Porque é uma porra de um circo. Acreditamos constantemente na maneira como pensamos e sentimos, e depois reagimos aos nossos pensamentos e sentimentos como se eles fossem a única realidade. E se soubéssemos que o que pensamos e sentimos sobre a vida não tem nada a ver com a maneira como queremos viver? E se fosse apenas condicionamento? Os pensamentos passam por você, não se originam de você. Assim como os pensamentos pensam sem a sua ajuda, o mesmo ocorre com os sentimentos. É assim que funciona: você tem uma sensação agradável, que resulta em um pensamento positivo, e então procura algo que perpetue essa sensação agradável.

Esse é o problema. Estamos constantemente tentando nos agarrar e exagerar nas coisas boas. Nós nos apegamos a esses sentimentos, o que nos leva a todo tipo de complicações, mas a verdade é que estamos sempre transitando por apenas três tipos principais de sentimentos. Isso é discutido nos Quatro Fundamentos da Atenção Plena na psicologia budista, que explica que os sentimentos têm um dos três sabores: agradável, desagradável ou neutro.[2] Procuramos continuar em estados agradáveis. Quando entramos em um estado desagradável, sentimos aversão, e quando estamos em estado neutro, tentamos rapidamente encontrar uma maneira de voltar ao estado agradável. Quando nos sentimos bem, procuramos experiências mais agradáveis: um sorvete ou uma taça de vinho ou talvez uma fofoca. Embora essas coisas possam fazer você se sentir bem, não são boas para você.

Um momento de liberação acontece quando você consegue assumir a perspectiva de testemunha da própria experiência — quando você consegue estar em contato tão próximo com seu coração que pode testemunhar esse circo de reatividade acontecendo. Entra um sentimento, surge um pensamento, e a reação/impulso está prestes a se formar, mas *em vez de* seguir no processo, você *percebe*, respira fundo, ouve o coração e, então, *escolhe*. Você tem uma escolha! Acreditamos que não temos escolha porque estamos presos no piloto automático. Sinta, pense, reaja; sinta, pense, reaja; de novo e novamente. Mas quando começamos a nos conectar com o coração, podemos escolher e temos acesso ao livre-arbítrio. Quando você percebe e observa, esse é o espaço do coração em que você está. Isso é o treinamento do coração. É simples assim.

Pense nas maneiras pelas quais a mente destreinada tenta distraí-lo e afastá-lo de seu coração como nuvens cobrindo o Sol. As nuvens são os pensamentos, as estações são as emoções, e por trás de tudo isso está o Sol, sempre brilhando. Portanto, não importa o que esteja acontecendo, não importa sua paisagem interna, tampouco o sabor do caos interno, você sempre terá acesso ao coração (seu sol) — essa energia solar, que irradia calor e luz. Não somos nossos pensamentos; também não somos nossos sentimentos; nós somos o que está por baixo deles — o Sol.

A maneira como pensa é guiada pelo sistema de crenças que você internalizou a respeito de si e do mundo. Mas essas crenças não são necessariamente quem você é. Isso é muito profundo, mas a maioria de nós não tem acesso a essa compreensão sutil. Não fomos treinados para perceber a forma como, quando surge uma pequena sensação desagradável, *BUUM*, somos imediatamente direcionados para a catástrofe, abandonando completamente o momento presente. O corpo implora que você volte. Talvez você comece a roer as unhas. Roer as unhas é uma forma de o corpo se comunicar e implorar para que você comece a habitá-lo novamente, para voltar ao momento presente.

Até agora, sabemos: os sistemas de crenças que internalizamos são o resultado de nossa mente padrão funcionar sem controle. Como é fortalecedor saber que, com um pouco de consciência, você pode intervir e treinar sua mente para operar com um novo padrão! Você está no comando.

Crenças

Vamos deitar nossos olhos sobre crenças por um momento. Quero que você pense na mente como uma casa. Aqui está você em sua jornada espiritual, começando a despertar para alguns hábitos mentais. Você acorda nessa casa e não tem ideia de quem a construiu, quem a mobiliou, quem escolheu o papel de parede, quem a decorou. Você fica meio boquiaberto, tipo: "O que são essas coisas?" Imagine se tudo na casa representasse seus sistemas de crenças. A grande mesa na sala de jantar representa sua relação com a comida. O espelho no banheiro — essa é a relação com seu corpo. As janelas e cortinas representam seu valor próprio e a quantidade de amor que você acha que merece.

A casa está tão cheia de móveis mofados e empoeirados, está tão bagunçado lá dentro, que você não tem acesso ao seu coração. Essa desordem está bloqueando o acesso ao mapa de sua liberdade. Você não consegue nem andar pela casa sem ficar preso a uma crença negativa após a outra — *esses móveis e o papel de parede são ruins e fazem eu me sentir mal!* Você tem o potencial não apenas de estar nessa casa e testemunhá-la como ela é, sem se tornar reativo, mas também de reorganizá-la, com um estilo que represente quem você é.

Primeiro, devemos reconhecer que a maioria das maneiras com que sentimos, pensamos e reagimos à vida já é preexistente em nosso fluxo mental, e por meio dos ambientes e das pessoas com que fomos criados se tornam móveis empoeirados, representando sistemas de crenças inefetivos em nossa mente. São inconscientes e automáticos e, portanto, não têm a percepção de que, com o tempo, esses sistemas de crenças, essas reações emocionais e esses padrões de pensamento se tornam sua identidade. Mas quando você escolhe despertar para a casa em que está morando e percebe, *Oh, meu deus, essa mobília não combina com o design interior de meu coração — a maneira como me relaciono com a comida, com meu corpo, com parceiros românticos, com a moda, a arte, a música, o que você quiser, tudo isso se baseia em sistemas de crenças que não são verdadeiramente eu*, é aí que a reorganização pelo coração pode começar.

Essas crenças alimentam a narrativa de seu fluxo mental. Lembre-se, você tem escolhas. Pode optar por encontrar uma solução rápida no momento em que tomar consciência de algum pensamento ou emoção difícil, dopando-se ao fazer coisas para se distrair daquilo que você já sabe, ou para se entorpecer e evitar lidar com os pensamentos e sentimentos desafiadores que estão surgindo. Ou você pode se libertar; ficar em casa e tirar o pó dos móveis, raspar o mofo, até chegar ao ponto em que você finalmente leva os móveis velhos para o quintal e taca fogo naquela merda, e talvez até pegue um martelo e comece a derrubar as paredes e construa uma casa nova, sobre uma fundação nova. Pouco a pouco. A questão é, você sempre tem duas opções: ficar chapado ou livre. Faça o que sempre fez ou tome uma decisão. Continue perpetuando o ciclo de sofrimento ou escolha Você. Quanto mais escolher Você, mais parecerá natural fazê-lo. Doerá menos e será menos opressor. Pouco a pouco.

No caminho espiritualmente atrevido e nesse programa de mega boss espiritualmente atrevido, você recebe as ferramentas para reconstruir a casa e redesenhá-la com sistemas de crenças que dão base à sua liberdade guiada pelo coração.

Agora quero que você observe em sua casa. Quero que você avalie honestamente onde está neste momento. Com o exercício a seguir, examinaremos sua vida de forma holística e veremos o que está ou não em alinhamento. No final das contas, tudo que desejamos é estar alinhados com o maior número de áreas possível de nossa vida. E qual é a medida para o alinhamento? O coração, é claro. Quando estamos alinhados com o coração, temos uma felicidade sustentável, vivemos a partir da verdade. O objetivo é fazer com que todos os cilindros disparem. E se não todos, pelo menos a *maioria* deles. Você está em uma missão para viver da melhor maneira possível, a missão de melhorar o que precisa ser melhorado, dar atenção às partes que imploram por um pouco mais de amor. Essa é a grande ideia. E isso também vem do coração. O que irradia de seu coração, a verdade de quem você é, deve fluir livremente em todas as áreas da vida, e se não estiver fluindo, aí você saberá onde deve realizar seu trabalho pessoal.

Parte 1: Como estou indo e o que quero?

Às vezes, essa conversa sobre o coração e o alinhamento não parece tangível, por isso falaremos em desejos por enquanto. Após cada pergunta, escreva sobre o que está funcionando bem e o que precisa de atenção. Em seguida, escreva o que deseja para si. Deixe esse desejo ser extremo, verdadeiro e sincero. Confie nele, mesmo que tenha dúvidas sobre como acontecerá. Escreva as respostas nos espaços a seguir ou em seu diário.

1. **Amor-próprio (seu relacionamento consigo mesmo)**

   O que está dando certo?

   O que precisa ser trabalhado?

   Meu desejo

2. **Relacionamentos (amizades/comunidade/relacionamentos românticos)**
   O que está dando certo?

   O que precisa ser trabalhado?

   Meu desejo

3. **Família**
   O que está dando certo?

   O que precisa ser trabalhado?

   Meu desejo

4. **Espiritualidade**
   O que está dando certo?

   O que precisa ser trabalhado?

   Meu desejo

5. **Trabalho (sua carreira ou qualquer que seja seu trabalho no mundo)**
   O que está dando certo?

   O que precisa ser trabalhado?

   Meu desejo

Parte 2: Você está pronto para mudar?

Você identificou a quais áreas deseja dar mais atenção em sua jornada e tem um desejo de coração sobre como gostaria de mudar. Agora, a parte difícil: agir, mudar seu comportamento de verdade, a serviço de experienciar sua melhor vida. Mudar é difícil, meus amigos.

O exercício a seguir tem como objetivo prepará-lo para a mudança e ver o que o está impedindo de fazer o que você diz que quer fazer. Quero dizer, você provavelmente está bem familiarizado com suas desculpas para explicar por que não agiu até agora ou por que tentou e depois falhou, mas é incrível o que um pouco de sabedoria feroz pode fazer para quebrar as narrativas de desculpas em torno das quais tendemos a construir nossa vida.

Existem cinco estágios de mudança: 1) Pré-contemplação, 2) Contemplação, 3) Preparação, 4) Ação e 5) Manutenção. Esses estágios são frequentemente usados para superar o vício, mas podem ser aplicados a quase todas as áreas que você deseje mudar.[3]

Ao responder às perguntas a seguir, reflita sobre a parte 1 deste exercício e mantenha na cabeça os desejos específicos que você tem para sua vida e o que é necessário para tornar esses desejos realidade.[4]

Em uma escala de 1 a 10, quão importante é mudar para você?

1 2 3 4 5 6 7 8 9 10

Em uma escala de 1 a 10, quão confiante você está de que será bem sucedido?

1 2 3 4 5 6 7 8 9 10

Em uma escala de 1 a 10, até que ponto você está pronto para mudar?

1 2 3 4 5 6 7 8 9 10

Quais são os prós e os contras de **não** mudar?

Quais são os prós e os contras de mudar?

Por que você quer mudar? Vá fundo nas razões.

O que o está impedindo de mudar?

Que coisas, pessoas ou comportamentos já o ajudaram a mudar?

O que o ajudará neste momento?

Que barreiras você pode ver à sua frente e como pode eliminá-las?

O que **não** ajudou no passado e pelo que você pode substituir essas coisas?

A quem você pode recorrer para conseguir apoio?

Liste de três a cinco ações que você pode realizar, começando agora, para progredir em direção aos seus desejos. Comece pequeno.

1.

2.

3.

4.

5.

PAPAGAIO VELHO *PODE SIM* APRENDER A FALAR

Agora você sabe o que o está atrapalhando, quais ações você pretende tomar e quais são as necessidades mais profundas de seu coração. No entanto, a mente encrenqueira ainda está no caminho. A mente, neste caso, é o papagaio velho. É a coisa mais difícil mudar e alinhar com aquilo que o resto de você deseja. Mas tenho boas notícias: neuroplasticidade. É uma coisa linda que a ciência descobriu. Na verdade, pesquisas provam que o cérebro é, de fato, maleável; é flexível e não fixo.[5] Nosso cérebro pode estar programado para certos instintos, como o instinto de sobrevivência e negatividade (falaremos mais sobre isso), mas para crenças e hábitos cotidianos (aqueles que o mantêm atolado), você tem o poder de treinar o cérebro para aprender novos hábitos.[6] Pouco a pouco, o cérebro responde às mudanças e, com a prática, pode transformar comportamentos disparados por antigos padrões de pensamento. Quando você introduz uma nova resposta (como uma pausa ou escolha que interrompe pensamentos, sentimentos e comportamentos automáticos), o cérebro pode se reestruturar para esperar essa nova resposta. Não sou nem uma fração de neurocientista, mas os fatores básicos da evolução humana e o funcionamento do cérebro são fascinantes, e quero compartilhá-los com você.

Condicionados para sobreviver

Estarmos preparados para a sobrevivência em nosso mundo moderno, infelizmente, significa que estamos naturalmente preparados para a ansiedade, o medo e a negatividade. Tenho imensa gratidão pelo meu cérebro, sistema límbico e sistema nervoso. Eles vêm me mantendo vivo ao longo dos anos. Eles me alertam sobre perigos e ameaças. Mas a parte não tão útil dessa estruturação é que... bem, não corremos mais perigo com tanta frequência. Então o cérebro, apenas tentando nos ajudar, nos coloca em modo de pânico/ansiedade/medo/negatividade por causa de praticamente tudo: uma mensagem de texto, uma apresentação, uma ligação, um e-mail, uma rejeição, um dia ruim, seja lá o que for. Você tem de se lembrar, porém, de que isso é apenas o cérebro fazendo o que ele faz. É nosso trabalho, como corações sábios, discernir entre uma ameaça real e um dia ruim ou um momento inusitado.

A amígdala é responsável por regular as emoções e os comportamentos disparados por elas. Curiosamente, isso significa que ela está envolvida em nosso comportamento relacionado ao sexo, à comida e às drogas. Mas a área mais pesquisada em relação à amígdala é o seu papel integral na forma como sentimos o medo. Estudos mostram que a amígdala é ativada em resposta a estímulos como rostos que dão medo, imagens o que induzem e outros sinais que o disparam.[7] Pense nessa ativação como um alerta: é seu cérebro enviando um sinal para você ficar com medo, estressado, assustado.

Nossos ancestrais precisavam desse padrão de mentalidade para detectar ameaças e perigos, porque não tinham acesso a iPhones, condomínios fechados ou iFood. Tinham de correr pela savana, pela selva, pela floresta para caçar comida e tinham de construir abrigos. Havia muito perigo lá fora, e esse sistema de alarme neuronal era uma grande razão de nossa sobrevivência. No entanto, hoje já não é bem assim. O mundo realmente mudou, mas aquela parte antiga do cérebro não se adaptou. Portanto, é nosso trabalho, como corações sábios, elevar-nos acima desse mecanismo arcaico e saber a diferença entre o perigo real e o mero desconforto, criando um espaço mental entre o que é real e aquilo que o cérebro está fazendo com seu velho mecanismo do medo. Todos têm o potencial de redesenhar o que chamaremos de *mentalidade padrão* para outra, mais funcional hoje, que seja compassiva e sábia. Imagine-se reagindo de forma diferente na próxima vez que o pânico chegar. Em vez de entrar e se perder em uma espiral de ansiedade, você pode relaxar, sabendo que sua mente está apenas fazendo seu trabalho. Isso é observar sua mente como um boss baseado na ciência.

Preparado para mudanças

O bonito na ciência é sua afirmação do que já sabemos e do que as grandes tradições espirituais ensinam há milhares de anos. A atenção plena, a antiga prática de focar sua percepção em si e em sua experiência, anda de mãos dadas com a neurociência. Quando observamos nossos padrões mentais, ensinamos novas respostas ao cérebro

— nós o reestruturamos. O estudo da neuroplasticidade afirma que o cérebro é adaptável; a estrutura do cérebro pode mudar à medida que introduzimos novas experiências, conforme aprendemos e nos adaptamos ao mundo em mudança que nos rodeia.

Cada pensamento ou emoção repetido que temos reforça um caminho neural. Que poder é esse, meus amigos! Eu preciso de um momento. Cada pensamento e emoção que temos diz essencialmente ao cérebro: faça mais disso, sinta mais daquilo, pense mais sobre isso. Estabelece um padrão de ser para o cérebro.

Como você pode imaginar, mudar é difícil, mas possível. Todos os dias, com cada pensamento, você tem a oportunidade de ensinar ao seu cérebro uma nova maneira de ser. Você escolherá ensinar mais estagnação ou escolherá ensinar liberdade?

Pense no desenvolvimento da neuroplasticidade como se fosse fazer exercício. Você vai à academia e se exercita para ficar em forma e tonificado; caso contrário, seus músculos se atrofiarão. O mesmo acontece com a mente. Meditação, pausas mentais, mantras, afirmações, observação — essas práticas exercitam a mente e a treinam para dar base ao verdadeiro Você. Caso contrário, ela permanece no automático, não necessariamente tentando machucá-lo, mas sem um treinamento e, às vezes, descontrolada. A mente quer e precisa que você a treine, assim como seu corpo quer que você o mova e o mantenha saudável. Assim como sua mente está preparada para protegê-lo, ela também está preparada para mudanças. Ele quer ajudá-lo! Só precisa que você mostre como. É importante sabermos que a mente vai muito além do funcionamento físico do cérebro. O cérebro e a mente não são a mesma coisa, mas trabalham de forma interdependente. E à medida que você muda de ideia, muda a arquitetura de seu cérebro.

Então, como podemos mudar? Com pequenas ações consistentes. Cada momento é uma oportunidade para aproveitar a neuroplasticidade.

Você com certeza *pode* sentir, pensar e se comportar de maneira diferente, e sua mente irá apoiá-lo. Mas tudo bem, o cérebro, o coração, a mente, a conversa, o verdadeiro eu... *Blá, blá, blá.* O que eu *faço*?

A grande (e simples) sabedoria de tudo isso é que a respiração nos tira da cabeça e nos leva de volta ao corpo. Quando voltamos ao nosso corpo (de forma consistente, a cada momento, repetidamente, incansavelmente), voltamos ao coração e, ao fazê-lo, ensinamos ao cérebro um novo hábito. Quando treinamos a mente para observá-la, em vez de nos enredarmos nela, treinamos para nos apoiarmos em uma realidade mais verdadeira, além do caos e do medo. Pense no lugar onde está o coração, onde está a respiração, e a realidade emaranhada é o estresse do dia a dia, a ansiedade crescente, o caos e a falação da mente. A realidade mais verdadeira está sempre dentro de você, mas você precisa pausar para acessá-la. Nós a acessamos por meio da respiração e da meditação, por meio de mantras e afirmações. Então aprendemos a nos recostar naquele lugar mais verdadeiro dentro de nós, cada vez com mais frequência, até que nos sintamos em casa. Finalmente, retornar a esse lugar se torna o novo padrão. Desviamos nossa atenção da mente condicionada e voltamos ao espaço do coração.

O CRÍTICO INTERNO/COMO A MENTE LHE REPRIME

Eu estava fazendo uma palestra para a turnê de meu primeiro livro. Na plateia, havia alguns meditadores muito sérios. Quando chegou a hora de contar uma história sobre minha vida, eu disse: "Quero contar a vocês sobre Bianka com K." Eu continuei: "Bianka é fabulosa. Ela é barulhenta, engraçada... E cruel." E todos começaram a rir, porque sabiam quem era a Bianka. Ela é minha crítica interior. Bianka vive narrando, julgando e criticando tudo o que vivencio; ela rotula e descredita as pessoas antes que elas tenham a oportunidade de me surpreender, antes mesmo que eu tenha a chance de me conectar com a bondade delas.

Ela tira conclusões precipitadas e paranoicas sobre quase tudo... se eu permitir. Por que eu a chamo de Bianka, por que dou um nome à minha crítica interior? Porque dar um nome a ela cria um espaço entre ela e meu verdadeiro eu, o que me ajuda a saber a diferença. Há eu e há Bianka. Saber a diferença entre os dois Me fortalece.

A história de Bianka tem milhões de anos. O crítico interior é um aspecto da resposta ao medo que não tem lugar em nosso ambiente moderno, onde nós (a maioria de nós) já não precisamos nos proteger de ameaças físicas graves, como um leão na selva, como caçar nossa comida e manter nossas famílias seguras. Com muito poucas ameaças das quais protegê-lo, esse aspecto de mente humana ficou um pouco deslocado e, por isso, corre solto em sua vida cotidiana e moderna, inventando ameaças, medos e ansiedades a partir da vida cotidiana normal. Para sua pobre mente, ficar nervoso por falar em público é tão perigoso quanto um leão em seu encalço. Ter um ataque de pânico ao considerar se deve ou não namorar novamente também é um leão. O medo de pedir aumento: outro leão. Não tentar algo novo por medo: mais um leão. Quantas coisas na sua vida seu cérebro está transformando em leões? Nosso crítico interno é a resposta ao medo fora de controle. Mas, adivinhe? Não existe nenhum leão! Nós podemos relaxar. *Ah!* Como se fosse assim tão fácil. Temos de ser mais espertos que nossa mente, e aprender a rotular os pensamentos, até mesmo a nomeá-los, é uma forma de fazê-lo.

No capítulo anterior, você praticou observar pensamentos sem os julgar; agora quero que tente fazer isso por uma semana, focando como você fala consigo. O relacionamento mais importante é o que você tem consigo. Você já ouviu isso, tenho certeza, mas pense nisso. Seu verdadeiro lar está em seu corpo; os diálogos mais íntimos e vulneráveis são aqueles que você tem consigo. Não é sempre que paramos para prestar atenção na maneira como falamos conosco quando ninguém consegue ouvir.

Registro do diálogo interior[8]

Usando o espaço abaixo, em seu telefone ou em um diário, observe e registre a qualidade de seus pensamentos ao longo da próxima semana. Mantenha um registro de tantos pensamentos quanto você conseguir. Comece a tomar consciência de como fala consigo. Para mudar o padrão, você precisa saber o que procurar.

	Segunda-feira	Terça-feira	Quarta-feira	Quinta-feira	Sexta-feira	Sábado	Domingo
Neutro							
Gentil/ Solidário							
Rude							
Positivo/ Afirmativo							
Diretamente maldoso							
Nem meu pior inimigo diria isso para mim							

No final da semana, veja como se saiu. Voltar sua atenção para a qualidade de seus pensamentos irá ajudá-lo a parar de se identificar com eles e de acreditar neles, e também irá ajudá-lo a desenvolver os músculos da consciência.

Rotulando pensamentos

Cada um tem formas predeterminadas de pensar que se tornam seus padrões. Normalmente, nossos pensamentos se enquadram em um dos seguintes tipos de padrões. Ao lê-los, repasse seu diário de pensamentos e observe como você tende a falar consigo e, de forma mais ampla, a forma como você pensa. Marque aqueles que lhe são familiares.

Filtragem

Você tem a habilidade especial de passar batido pelas coisas positivas e focar a única coisa negativa que estiver acontecendo?

Pensamento em preto e branco

O pensamento do tipo tudo ou nada, sem espaço para complexidades ou nuances, como em "Se eu não fizer isso com perfeição, serei um fracasso".

Generalização excessiva

"Eu fiz ____________ uma vez, e foi terrível. Portanto, todos ____________ são terríveis, então nunca mais farei isso."

Conclusões precipitadas

"Nunca fiz isso, mas se for minimamente como ____________, também será terrível." "Eu não os conheço, mas provavelmente são uma merda."

Catastróficos
Está apenas chovendo, mas para você é um furacão de nível cinco e você está no meio dele. Se algo der errado ou não correr conforme o planejado, sua vida meio que desmorona.

Personalização
É tudo eu! Nunca posso errar porque o bem-estar de todos depende de eu ser perfeito. Se eu errar, tudo e todos serão impactados.

Falácias de controle
É tudo culpa minha. O que quer que esteja errado, provavelmente fui eu que causei.

Culpa
Eu me sinto vulnerável demais para ser responsabilizado pelo meu comportamento e, em vez disso, culpo os outros pelo que está errado ou pelo que aconteceu. A culpa é dos os outros.

Deveres
Há uma maneira pela qual acredito que as pessoas deveriam se comportar, e se não se comportarem desse jeito, ficarei emocionalmente afetado. Se eu quebrar minhas regras de comportamento, provavelmente me culparei e me arrependerei.

Raciocínio emocional
Eu me sinto triste, portanto, sou uma pessoa deprimida. Eu me sinto feio, portanto, sou feio. Deixo meus sentimentos me guiarem. Seja o que for que os outros digam, eu acredito.

Há bastante coisa acontecendo dentro de nós. Compreender como a mente funciona pode ser incrivelmente fortalecedor para que não sintamos que estamos sendo arrastados por pensamentos e emoções. Em vez disso, podemos reconhecer nossos padrões e parar no meio do caminho — peguei você! A mente está sempre trabalhando, fazendo o que faz, então a atenção é um trabalho de tempo integral. Se você começar a se pegar atuando em um desses padrões de pensamento, recolha-se e recoste-se em sua sabedoria.

A sabedoria de seu coração é seu maior antídoto, e o mais bonito é que ela está sempre disponível para você.

Substituindo crenças limitantes

Obviamente, a mente destreinada, neurótica e condicionada nos prega peças. O que a mente fala e narra não é uma representação precisa da realidade. Mas o que é complicado sobre os pensamentos é que eles sempre estiveram conosco, durante toda a vida. Como resultado, provavelmente temos algumas crenças falsas sobre nós profundamente instaladas e em dissonância com nosso coração. E precisamos não apenas descobri-las, mas substituí-las.

Escreva dez crenças limitantes que o bloqueiam. Ao lado de cada uma, escreva uma crença para substituí-la, algo que se oponha às primeiras e afirme uma versão mais verdadeira de si.

Aqui está minha lista de crenças que alimentam a Bianka. Compartilhar isso me torna vulnerável, mas vulnerabilidade é poder, então aqui vai:

Crença limitante	Crença de substituição
1. Tenho de batalhar.	Posso viver com facilidade.
2. Nunca poderei ser 100%.	Estou sempre inteiro.
3. Eu não pertenço a lugar nenhum.	Pertenço a onde quer que eu esteja.
4. Ninguém me ama.	Sou amável!
5. Eu sou doente.	Sou saudável.

6. Nunca poderei ter abundância.	Sou abundante e tenho aquilo de que preciso.
7. Meu corpo é tosco.	Meu corpo é lindo, forte e sexy.
8. Sou uma pessoa má.	Sou naturalmente bom.
9. Sou uma fraude.	Sou qualificado e confiante.
10. Não tenho nada a oferecer.	Tenho experiência e sabedoria a oferecer; eu sou suficiente.

Escreva sua lista a seguir:

Crença limitante	**Crença de substituição**
1. ______________________	______________________
2. ______________________	______________________
3. ______________________	______________________
4. ______________________	______________________
5. ______________________	______________________
6. ______________________	______________________
7. ______________________	______________________
8. ______________________	______________________
9. ______________________	______________________
10. ______________________	______________________

Veja o que você escreveu no lado direito. Considere essa lista seu novo manifesto. Esse é o primeiro passo para ouvir seu coração. Depois de ter força e consciência para limpar um pouco de seu lixo mental, você poderá começar a ver claramente a verdade sobre quem você é. Cole a sua no espelho, no computador ou faça dela seu protetor de tela. Faça o que for necessário para implantar essas novas crenças em sua mente e deixe-as serem seu guia de agora em diante.

Gosto de voltar à metáfora da casa. Imagine que essas dez crenças limitantes compõem a mobília de sua casa. Estou pedindo a você, leitor, que coloque fogo nessa merda toda no quintal. E em vez de ir para a Ikea, construa dez novos sistemas de crenças que estejam enraizados nas maneiras como você deseja sentir, pensar e agir no mundo. Essa é a tríade mágica que apoiará sua visão elevada no mundo. Cada vez que acreditamos em uma dessas crenças limitantes, estamos inflamando a amígdala, reforçando a crença e enviando uma mensagem ao corpo: acredite nisso, aja desse jeito. Precisamos contar uma história diferente.

Usando o sistema nervoso como base para novas formas de ser

O cérebro não funciona sozinho, é claro; está em constante comunicação com nosso sistema nervoso. O sistema nervoso tem duas partes principais: a simpática e a parassimpática. Podemos pensar no sistema nervoso simpático como a forma como reagimos e respondemos ao estresse; ele mobiliza energia e recursos do corpo durante períodos de estresse, enquanto o sistema nervoso parassimpático conserva energia e recursos durante estados de relaxamento, como na meditação, na respiração rítmica e no sono. Acredita-se que o estresse — como na resposta de fugir/paralisar/lutar — neutraliza o sistema parassimpático, que trabalha para promover sentimentos de manutenção associados ao descanso, à digestão e ao relaxamento.[9]

Pelo nome, você pode pensar que a parte simpática do sistema nervoso é aquela que nos faz descansar e relaxar, mas, na verdade, é a parte que nos coloca no modo de lutar, fugir ou paralisar. Assim como a amígdala nos ajuda a responder às ameaças, o sistema nervoso simpático permite que respondamos ao estresse. Esse mecanismo é muito primitivo e nos pede para reagir imediatamente quando o alarme dispara, muitas vezes com uma resposta de luta/fuga/paralisia.

Por meio do sistema parassimpático, temos acesso ao coração sábio, a uma sensação de descanso, nutrição e bem-estar. Nesse modo, conseguimos responder à vida, em vez de reagir. A melhor maneira de acessar a função parassimpática do sistema nervoso é implementar uma prática diária de reaprender a respirar profundamente pela barriga. Uma pessoa ansiosa comum, em qualquer lugar do mundo, respira até dezesseis vezes por minuto, ou seja, respirações muito curtas e superficiais. Estamos falando sobre a criação de um padrão respiratório (de quatro a seis vezes por minuto) que dê base a uma conversa saudável entre o cérebro, o sistema nervoso, o estômago e o coração. Fazer esse trabalho respiratório, simplesmente desacelerando, ensina o sistema simpático a relaxar e o sistema parassimpático a agir na maior parte do tempo. Essa prática de respiração fortalece o nervo vago, que os cientistas chamam de "nervo do amor" nos humanos.[10] Veja, simplesmente respirando, podemos estimular uma nova mensagem e transmiti-la para todo o corpo: relaxe, relaxe, relaxe. Está tudo conectado, e, na verdade, ensinarei a você uma prática de respiração mais adiante neste capítulo que faz exatamente isso (página 65).

CULTIVAR UMA TENDÊNCIA AO AMOR

Há, ainda, outra coisa com a qual devemos estar atentos: chama-se viés de negatividade. Esse é o padrão de pensamento que só vê coisas ruins (que deprimente!). O pessimista dentro de você é incrivelmente poderoso e pode infectar grande parte de sua experiência. A tendência à negatividade é a razão pela qual dói tanto quando somos rejeitados, quando falhamos, quando nos dizem que somos maus ou que não estamos à altura de algo — ela mergulha direto no pior cenário possível. Muitas pesquisas foram feitas para entender isso. Em um estudo realizado por John Cacioppo, neurocientista da Universidade de Chicago, foram mostradas aos participantes imagens que evocavam sentimentos positivos, negativos e neutros. Ele descobriu que os estímulos negativos criavam mais atividade elétrica, mostrando que nosso cérebro e, portanto, nós somos mais influenciados por notícias negativas do que por qualquer outra coisa.[11]

Da mesma forma que o cérebro procura ameaças para mantê-lo seguro, ele está programado para procurar negatividade. Aqui ele também tenta protegê-lo, soando um alarme cada vez que você é emocionalmente ferido. E isso faz sentido. Imagine o que aconteceria se não tivéssemos um alarme quando estivéssemos fisicamente em perigo. Nenhum de nós iria muito longe na vida. A resposta do corpo ao trauma e à dor emocional é tão interessante porque, da mesma forma como ocorre com a dor física, nosso corpo se lembra da dor emocional.[12] As formas pelas quais fomos condicionados a nos relacionar com a dor e o sofrimento tendem a permanecer em nós por muito tempo. É o cérebro tentando ajudar novamente. Involuntariamente, repetimos, revivemos, nos autossabotamos, evitamos situações e repetimos velhos padrões, desenvolvendo esses comportamentos para tentar evitar dores futuras. Vivemos em um jogo constante de tentar não nos machucar. Seu coração sabe a diferença entre uma ameaça real à sua vida e uma ameaça percebida à sua felicidade e bem-estar — um leão de verdade ou alguém de um aplicativo de namoro rejeitando você —, mas seu cérebro ainda opera com maquinário arcaico.

E se pudéssemos construir e flexibilizar nossas reservas de amor e compaixão? E também, *hmm*, oi, coração! Onde você está? Onde você esteve enquanto essa merda acontecia em meu cérebro e sistema nervoso? Temos ameaças, leões e alarmes funcionando sem parar. Está um caos. Onde você está, coração? O coração está lá, querido, esperando que você abra as cortinas e o toque. Recue, recoste-se; ele está lá.

E se pudéssemos criar um cenário interno menos caótico, mais repleto de pensamentos como "eu te amo", "você está dando o seu melhor" e "eu acredito em você"? Quão diferente seria se esse fosse seu novo padrão? Adivinha? É possível. Você com certeza pode girar o botão para diminuir sua percepção do caos e aumentar o volume do amor.

Os pensamentos, tanto positivos como negativos, são mais do que poderosos. E você provavelmente tem vários pensamentos positivos todos os dias. Os positivos estão provavelmente em constante conflito com os negativos. Tipo, "Ei, cale a boca" ou "Estou bonitão hoje" ou "Eu me saí bem hoje, hoje foi um bom dia" ou "Bom trabalho". Na verdade, temos o poder de cultivar pensamentos positivos e de viver uma realidade mais positiva como resultado disso. Podemos fazer isso de várias maneiras.

Sintonizar uma frequência de amor requer prática. Nosso novo padrão tem de ser PERCEBER quando deixamos o momento presente e entramos em uma história, em crenças limitantes, vamos longe em viagens e preocupações futuras ou desenterramos o passado.

A cada momento, uma escolha nos é oferecida: coração ou história, coração ou uma crença de merda, coração ou preocupação com coisas que ainda não aconteceram. Praticar significa escolher o coração com mais frequência. Deixe que se torne seu padrão. Observe quando você saiu do momento presente. Normalmente, quando saímos do momento presente, começamos a acrescentar histórias a tudo que estamos vivenciando. Nós nos afastamos da realidade, perdidos na ficção. A respiração se torna superficial e entramos no modo lutar/fugir/paralisar; nossa maneira de ver a vida se torna reativa, em vez de habilmente responsiva. Uma das coisas mais poderosas que você pode fazer é respirar. Em vez de sua respiração se tornar curta e superficial, ela se tornará longa e profunda. A respiração por si só pode ajudar a redesenhar sua resposta reativa. A respiração é uma das maiores ferramentas de cura.

Qual é o som do amor

O coração sábio fala em "hits" ou "downloads", como os chamaremos. Mas dizem que a única forma de ouvir ou receber essas mensagens é nos intervalos, nos momentos intermediários em que estamos atentos a algo que não seja a conversa interna e o caos. Você vê como tudo isso se conecta? Mais espaço mental, mais opções em cada momento, levam a mais quietude para o coração vir à frente e ser ouvido.

Quando o coração fala, você pode receber sua fala como um saber espontâneo. Digo *saber* porque é algo não verbal; apenas *é*. Podemos tentar descrevê-lo com palavras da melhor forma que conseguirmos, mas não há vocabulário para isso. Quando isso acontecer, será uma maneira linda e muito individual de criar um vínculo profundo com seu coração. Embora possamos não ter uma linguagem para isso, já temos esse entendimento. Pense em uma ocasião em que você teve uma intuição, em que você "simplesmente sabia" algo, na qual você disse: "Não sei, apenas sinto em meu coração." Esse tipo de coisa é o modo como o coração fala.

Estamos em contato constante com o coração, mesmo que o escutemos apenas por um momento, quando meditamos ou criamos espaço no fluxo mental caótico e tagarela de alguma outra forma. Para a maioria das pessoas, os downloads do coração passam despercebidos, e é por isso que a falação interna volta com força total quando esses momentos passam. Com esse trabalho, o currículo espiritualmente atrevido, você pode se desembaraçar e acessá-lo mais vezes.

O papel do corpo

Tivemos toda essa conversa sobre a mente e o coração, mas o corpo também é essencial para o trabalho. Como eu disse, querido, está tudo conectado. O corpo é sua entrada, o portal e o caminho. É seu veículo primordial; é onde você tem acesso ao coração. A razão pela qual trabalhamos para compreender a mente é para que possamos passar menos tempo presos nela. Não precisamos mais deixar que nossa experiência mental domine nossa experiência. Você tem um corpo, agora entre nele! Esteja realmente dentro de você. Durante um dos primeiros ensinamentos que recebi, um de meus professores no norte do Himalaia me disse: "Sah, volte para seu corpo". Na época, eu era iniciante e não sabia nada sobre a conexão mente-corpo-coração.

Tudo era muito literal para mim. Eu estava tipo: "Que porra você quer dizer com 'voltar para o meu corpo?' Eu *estou* no meu corpo." Mas um pouco mais tarde entendi o que ele queria dizer. Quando habitamos plenamente nosso corpo, estamos no momento presente, e quando estamos no presente, podemos ouvir o coração. Esse trabalho mental serve para que possamos mover a atenção para baixo, para fora da cabeça, das histórias sobre o passado e o futuro, para o corpo e, finalmente, para o coração. A esperança é que residamos lá. Esse é o trabalho. É o que eu acredito que viemos aprender aqui.

Reconectar-se com o coração é ter acesso a escolhas. Precisamos nos interiorizar para descobrir por que estamos agindo de tal maneira, por que estamos nessa espiral perpétua de culpar e apontar os dedos, em vez de olhar para dentro quando nos sentimos acionados. Olhar para dentro quando você se sentir desconectado o libertará. É dentro de si que você encontrará o mapa de sua liberdade pessoal.

Abaixo está uma meditação destinada a ajudá-lo a parar de pensar discursivamente e acessar os intervalos os quais você tem acesso ao seu coração e a uma linguagem para além dos pensamentos. Use-a quando precisar de ajuda para lembrar de que você não é seus pensamentos.

Meditação sem sentido adaptada por Osho

Essa mediação proporciona uma liberação vocal. Por um período de três a cinco minutos (ou mais), você faz apenas isso, e soa como... bem, uma besteirada. Quero que você se solte, se perca e faça sons que normalmente não faz. Use sua voz para emitir sons que não façam qualquer sentido. O que isso faz é criar uma pausa no fluxo de pensamentos e sentimentos. Quando você terminar, terá criado um silêncio interno que abre espaço para o coração.

- Ajuste um cronômetro para cinco minutos e comece.

- Observe como você se sente quando terminar.
- Observe a qualidade de seus pensamentos.

O que se espera é que você se sinta zerado de alguma forma. Faça isso a qualquer momento para limpar a mente.

O poder da pausa

Responder de forma diferente é uma ferramenta fundamental no caminho para a liberdade. Seu corpo e sua respiração são suas âncoras no momento presente e as ferramentas mais poderosas à sua disposição. Se você conseguir aprender a praticar o ancoramento em seu corpo, poderá ouvir o que o momento lhe reserva e escolher. Todo momento oferece uma escolha: medo ou amor. Uma reação é automática, e outra é ponderada. O amor requer uma pausa. O medo é o que acontece automaticamente, sem intenção; é o que orienta pensamentos e reações inadequadas à vida. O medo é o que norteia a história de si que não está à altura de seu potencial, de quem você sabe que é lá no fundo. É fácil escolher o amor quando não estamos estressados ou afetados. Mas é nos momentos em que *somos* desafiados, quando alguém ou alguma coisa se aproxima de um de nossos pontos sensíveis e o medo automaticamente faz com que recuemos, escondamo-nos, fiquemos com raiva, sintamo-nos inseguros ou inúteis, ou esqueçamos que somos dignos de amor e da vida — é quando precisamos do poder da pausa. Mas pausar requer prática.

Qual é a coisa mais importante que podemos fazer para reformular o crítico interno negativo e automático? É o que lhe dá vida, o que você nasceu fazendo. Reaprender. A. Respirar. Antes de mais nada, temos de ter uma prática de respiração. O próximo passo é o diálogo interno. Assim que introduzamos os mantras, eles se tornarão o padrão. Ao longo de seu dia — escovando os dentes, penteando o cabelo na frente do espelho, sentado no metrô, dirigindo para o trabalho, caminhando para algum lugar —, tente inserir pensamentos gentis aleatórios em sua mente. Esse é o presentinho mais fácil e amoroso que você pode se dar. Diga que você se ama, que está bem, que é suficiente. Repita uma das novas crenças que você anotou. Seja qual for a nova crença de que você precise hoje, repita-a e deixe que ela seja seu mantra. E respire. Que delícia a vida cotidiana pode ser se você permitir!

A prática da Respiração sussurrante é uma ótima maneira de se acalmar e criar espaço entre você e tudo o que está acontecendo.

Respiração sussurrante

Essa prática é um modo realmente poderoso de acalmar o sistema nervoso, desvencilhar-se do falatório interno e abrir espaço. Se não houver pausa, temos de nos ensinar a fazer uma pausa.

- Mantenha os olhos fechados.
- Por alguns momentos, observe as sensações no corpo e na sua paisagem interna.
- Coloque os dedos indicadores na cartilagem das orelhas, entre a bochecha e a orelha.
- Respire fundo e, ao expirar, pressione suavemente a cartilagem, tapando os ouvidos. Você pode manter a cartilagem pressionada.
- Você vai fazer um ruído como o de uma abelha enquanto expira (*mmmmmm*).
- Respire profundamente, o máximo de ar que puder, e depois expire o mais longamente que conseguir.
- Pratique dez respirações.

Não importa o quão longe pensemos estar no caminho espiritual e em uma vida de poder, Bianka, a crítica interior, ainda dá um jeito de se infiltrar. Quanto mais criativa ela se torna, mais criativos devemos ser. Nós simplesmente continuamos a subir de nível, querido. Se você acha que seu sofrimento termina com um exercício respiratório, com um momento de "*a-há*", pense novamente. Esse trabalho é contínuo. Devemos sempre estar trabalhando em direção ao alinhamento do coração. Se você já estivesse perfeitamente alinhado, não estaria aqui na Terra com o resto de nós, resolvendo merdas. O mínimo que podemos fazer é tentar não resolver merdas jogando-as nos outros.

O objetivo é replantar o jardim de sua mente com tantas sementes encorajadoras, realizar tantas ações virtuosas, estar tão profundamente alinhado na intenção, na fala e na ação, que a mente relaxe para estar em completa conexão com o coração. Esse é o caminho. Mas não se julgue ou fique nervoso e chateado se você teve todo esse trabalho e cuidou de seu jardim cármico e, de repente, aquela vozinha assustadora surgir novamente e disser "Oi, vadia, estou de volta", e você ficar pensando nisso, voltar a se culpar e ser pego de volta no processo. Quando você chegar ao momento em que finalmente não for tomado por cada estímulo interno ou externo, saberá que fez seu trabalho. Pouco a pouco. Você os percebe, talvez dance um pouco com eles, mas então você volta — de volta ao coração, de volta ao momento presente.

PREPARANDO-SE

Você está pronto para ter um novo relacionamento consigo, com seu futuro?

Imagine que há um espaço entre a ilusão dos pensamentos negativos/estressantes/ansiosos e sua realidade mais clara e harmoniosa. Imagine seu coração como o Sol brilhando, não importa o clima. Imagine ter um saber profundo de que o Sol sempre esteve ali, brilhando. O desenvolvimento desse saber começa com a consciência — a consciência de que existe um VOCÊ acima de você. Desenvolver esse conhecimento requer prática, um método habitual de lembrar-se de que você é o Sol. Diga agora: eu sou o Sol. SOU A PORRA DO SOL! Em breve você acreditará.

Nos capítulos seguintes, você aprenderá práticas para fazer disso sua realidade, mas primeiro há algo que você precisa fazer: perdoar. Perdoar-se e aos outros. Essa é a limpeza espiritual definitiva para abrir espaço para a liberdade que está surgindo em você.

Você investigou suas histórias e crenças, sua mente, seu corpo e coração. Agora é hora de dar um passo adiante. Para sermos responsáveis pela nossa vida e pelas nossas ações, devemos aprender a perdoar e experimentar a autorresolução. À medida que adentrarmos o perdão, começaremos a remover as ervas daninhas de nosso jardim interno, soltando e arrancando as velhas histórias e crenças pelas suas raízes.

4

Workshop do perdão

Passo 2: Aprenda a perdoar a si mesmo e aos filhos da puta que lhe machucaram

Você quer quantificar seu crescimento, sua maturidade espiritual? Veja se você consegue perdoar os outros, inclusive a si mesmo. Esse é o teste final. Este capítulo irá guiá-lo pelo significado do perdão e proporcionará ferramentas para trazer o perdão para seu dia a dia. Não vamos perder tempo. Este primeiro exercício pede que você passe ao outro lado do espelho do perdão — pedindo perdão àqueles que você magoou.

O PODER DO PERDÃO

Existem ações gentis, mas poderosas, que você pode realizar por conta própria, sem envolver ninguém ou mergulhar profundamente em memórias traumáticas, e que ajudarão a mudar a raiz do ressentimento. O trabalho do perdão pode fazer isso. Então, vamos começar.

Peça perdão àqueles que você magoou

Antes de prosseguirmos com esse conceito, quero pedir que você reserve um momento para pedir perdão àqueles que você magoou. Sinta-se à vontade para escrever ou falar em voz alta. Mesmo que pareça estranho e algo que o torne vulnerável, eu o desafio a seguir até o fim. Sem pressa. Use a respiração como âncora. Pense em alguém de sua memória recente ou distante que você tenha magoado e peça perdão. Não estamos falando de culpar nem de dizer o que é certo ou errado — e sim de limpar o coração. Respire fundo. Observe como seu coração se sente quando você tiver terminado.

Use esta poderosa afirmação:

"Olá, (nome da pessoa), por favor, perdoe-me por todas as maneiras pelas quais lhe causei danos, intencionalmente ou não, com pensamentos, palavras ou ações."

Apegar-se ao passado pode ser muito doloroso. Feridas — ressentimentos antigos, arrependimentos, erros, culpa —são reponsáveis pelo tipo de dor mais insidioso. Esse tipo de dor tende a permanecer escondido e surgir quando menos esperamos, principalmente nos momentos quando aquilo de que realmente precisamos é coragem e bondade. Essa falta de perdão surge de muitas maneiras (raiva, ansiedade, baixa autoestima, estresse, depressão) e cria um sofrimento constante e de tom baixo, cuja fonte é difícil de identificar. Muitas vezes, confundimos esse doloroso estado de ser com nosso verdadeiro eu. Mas não é nosso eu. Ele só está encobrindo seu coração para que você não possa ouvi-lo gritando dentro do seu peito: "Estou aqui, não se esqueça de mim! Eu estou bem aqui!"

Pense no perdão como seu molho espiritual — você pode, e deve, usá-lo para tudo. Você sabe, a Beyoncé transformou o fato de ela levar molho picante na bolsa em uma coisa descolada.

O perdão será aquilo que você carrega em sua pochete espiritual e espirra em tudo para trazer à tona a paz, a calma e a compaixão inatas que residem profundamente dentro de você — a sua essência.

No capítulo anterior, você descobriu suas histórias — o que elas dizem, como têm comandado sua vida e como estão impedindo você de avançar. Neste capítulo, iremos um pouco mais fundo, para os bastidores, para examinar de perto os pontos em que você mais precisa do poder do perdão e da compaixão para seguir e escrever uma nova história sobre si.

O que é o perdão?

O perdão é uma aceitação radical. É uma qualidade inata, um superpoder que nós temos. O perdão é a escolha de agir com base em soluções, de viver mais, de forma mais sábia e mais gentil. Todos nós temos esse potencial. Temos acesso a ele e à compaixão que o acompanha. Na verdade, o perdão e a compaixão andam de mãos dadas. A compaixão é o desejo, a intenção por trás do perdão — de que você e os outros sejam livres do sofrimento.

Perdão é uma daquelas palavras que soam bobas ou infantis aos ouvidos ocidentais. Ou, aos ouvidos do cético, pode soar como bobagem espiritual. Já lhe ensinaram alguma coisa sobre o perdão — não apenas o que a palavra significa, mas o que ela realmente envolve? Para mim, não. Não é uma qualidade valorizada em nossa sociedade. Fui ensinado a engolir, guardar, parecer forte (mesmo que não fosse) e... estar *certo*. Reconhecer um erro é algo associado à fraqueza e traz sentimentos de vergonha que ficam adormecidos na mente e depois vêm e *BUU!*, quando for hora de fazermos coisas que exigem de nós alguma vulnerabilidade, como amar, crescer e nos curar. Então você pode ver que o perdão e a compaixão são essenciais quando começamos a reconstruir e a nos curar.

O que o perdão não é:

- Fraqueza.
- Aceitação de tudo.
- Alívio do seu lado ou da responsabilidade de alguém.

O que o perdão faz:

- Dissolvição de raiva, ressentimentos, culpa e vergonha.
- Redução de estresse, ansiedade e depressão.
- Aumento do bem-estar e auxílio para você viver mais.
- Reconstrução de autoestima.
- Reabastecimento de recursos internos de compaixão e amor.
- Abertura do coração.

Ah, essa última frase... Vou deixar você digerir essas informações por um minuto. Imagine um mundo cheio de corações abertos. Você pode imaginar isso?

Quando tento encontrar exemplos de como é a falta de perdão no mundo real, penso em pais e avós. Talvez você tenha a sorte de ter parentes superevoluídos, mas se você for como a maioria, poderá ver a personificação de suas memórias e histórias dolorosas o assombrando em tempo real. Talvez seus pais e avós não tenham sido capazes de perdoar seus parceiros, seu governo, os próprios pais. Talvez eles tenham descontado esses ressentimentos em você, e assim o ciclo continuou. Pense por um momento em alguém em sua vida que possa personificar a falta de perdão. Agora pense na própria vida. Talvez você não seja tão diferente. Talvez suas histórias sejam mais recentes, mas elas envelhecerão. É hora de cortá-las pela raiz.

Pense na sua maior dor neste momento, aquela que o mantém acordado à noite ou aquela que, quando desencadeada, permanece na sua mente, incessantemente. É essa. Agora pense em si daqui a vinte, trinta anos, ainda sendo afetado por essa mesma história. Imagine como isso pode paralisá-lo. Imagine o que essa dor pode induzi-lo a fazer, depois de todos esses anos fermentando e se intensificando. Todos os pedacinhos de história, com o tempo, se tornam uma rocha sólida. Você pode pensar nessa rocha sólida vivendo na frente de seu coração e realmente impedindo você de se conhecer. Você acredita que é essa rocha sólida. Mas ela não é você. Meu amor, você faz parte da revolução do coração. É sua hora de se curar. Você assumiu uma posição corajosa.

Reserve um momento para pensar sobre as próprias experiências de perdão. Mesmo que pareça um exercício abstrato, desafie-se. Comece a pensar em quem lhe machucou. Pense em como você se machucou. Se nada vier à mente, lembre-se de que há muitas maneiras sutis de não perdoar. Esteja disposto a passar por esse processo lentamente. Você pode até repetir a afirmação "Estou disposto a perdoar" para se abrir ao processo.

À medida que você se prepara para acolher a versão mais transformada de VOCÊ, use essa afirmação de cura para aqueles que lhe causaram algum mal: "Olá (nome da pessoa), estou disposto a perdoá-lo(a) por todas as maneiras pelas quais você me causou mal, intencionalmente ou não, com pensamentos, palavras ou ações". E em relação a si: "Eu me perdoo por todas as maneiras pelas quais me causei mal, intencionalmente ou não, com pensamentos, palavras ou ações".

Reflexão

Em um pedaço de papel ou em seu diário, escreva sobre as maneiras pelas quais a própria falta de perdão afetou sua vida.

Procurei desesperadamente o perdão quando lembranças dolorosas estavam me bloqueando em todas as direções, e a abertura que esse gesto criou teve um impacto profundo em minha vida. Eu sei que certas narrativas podem ser muito debilitantes. O perdão é o caminho de saída. É o caminho direto para o coração e o momento presente. Sem perdão, você fica bloqueado, sem acesso ao momento presente. Literalmente. As principais características da ansiedade e da depressão, por exemplo, têm raízes em pensamentos que estão presos no futuro ou no passado.[1] Estar presente soa como algo bom, mas se você estiver sofrendo com esses tipos de pensamentos e energias, não estará disponível ao momento presente; você sempre estará em outro lugar. O custo de não fazer as pazes com o passado e continuar no caminho do ressentimento, da preocupação e do medo é permanecer bloqueado de ter paz e de estar no momento presente, onde a alegria e a cura acontecem.

PERDÃO E TRAUMA

Os efeitos do trauma são algo que todos experimentam, e o antídoto para o trauma é o perdão. Eu sei que parece muito simples, mas a verdade é que, quando aprendemos a perdoar aqueles que nos magoaram e aqueles que magoamos, e aprendemos a nos perdoar pela forma como nos tratamos enquanto estávamos em estados de confusão, somos capazes de estabelecer uma conexão mais profunda com nosso coração e reconhecer nossa essência. Estamos biologicamente programados para buscar conexões próximas e presentes. Como poderemos atender a essa necessidade básica do coração se estivermos atolados nas memórias traumáticas que circulam em nossa mente?

Criando a partir do trauma

A criatividade é extremamente útil na resolução de traumas. Isso não significa que você tem de se tornar um artista. Significa apenas que você faz um esforço intencional para mexer com o trauma e permitir que ele se transforme. Escrever, pintar, fazer cerâmica, jardinagem, dançar — atividades assim ajudam você a resolver consigo o que quer que tenha acontecido. A criatividade pode ser um ato espiritual poderoso, que nos permite criar algo e curar velhos traumas. Fazer arte é uma forma de trazer o pano de fundo — os eventos do passado e a dor que eles carregam — para o primeiro plano, de uma forma segura. Quando abrimos espaço criativo, permitimos que isso aconteça. Precisamos encontrar uma válvula de escape criativa para o trauma. Devemos criar um ritual, que é uma ação com uma intenção — para mim, é uma dança desinibida — no qual diluímos o domínio que a memória traumática exerce sobre nós.

Você pode ter armazenado traumas em seu corpo e não estar ciente disso, porque fazemos um ótimo trabalho nos tornando atores: "Não há nada de errado, estou bem". Um mantra melhor e mais honesto seria: "As coisas estão uma merda, mas ainda estou bem", em vez de mentir para si e para as pessoas ao seu redor. Mentir e esconder sua verdadeira experiência perpetua a confusão. Quando fazemos isso, damos mais poder à memória traumática e à confusão e nos enfraquecemos.

Não estou dizendo que é fácil. O trauma é uma daquelas coisas nebulosas que guardamos bem dentro de nós, mas que está sempre presente. Ele dita muito de nossa vida, por isso é tão importante mexer com ele. Ponha-o para fora, faça algo dele, para sua sobrevivência. Cada vez que somos acionados ou que uma memória surge espontaneamente, nós a pintamos com mais tons de vergonha e culpa, como se o acontecimento e a memória não bastassem. Isso não é vida. Não importa o quanto você tenha errado ou outras pessoas o tenham ferrado, precisamos estar em paz com tudo o que aconteceu. É aqui que entra o perdão. É hora de se tornar o vitorioso da história e deixar de ser a vítima.

Trazendo o inconsciente para a luz

As experiências traumáticas não ficam registradas no cérebro da mesma forma que as experiências comuns. Elas não foram pensadas, elaboradas ou colocadas em um contexto como as memórias e experiências normais. Diferentemente, nós as reprimimos assim que acontecem, tentando ao máximo esquecê-las, e, como resultado, elas afetam nossa vida de maneiras onipresentes e misteriosas. Talvez seja impossível falar sobre o que está incomodando você, por estar acontecendo em um nível inconsciente. No entanto, seja o que for, aquilo encontrará um caminho para sua vida.

Uma vez que a história venha à luz, à percepção consciente, você tem o poder de reformulá-la. Você pode escolher ver o que aconteceu de uma nova perspectiva, com uma compreensão nova e compassiva. Só então aquilo deixará de controlar sua vida.

Nosso sistema límbico coleta informações que chegam por meio de nossos sentidos — visão, audição, tato, olfato e paladar. É o córtex pré-frontal que converte e traduz esses dados em linguagem e imagens e atribui significado a eles. Quando você está passando por uma experiência traumática, essa parte do cérebro realmente desliga, então tudo o que resta para decifrar o que está acontecendo são seus sentidos.[2] As sensações não processadas da visão, do olfato, som, paladar e tato ficam armazenadas no corpo, em algum lugar, sem linguagem ou contexto. Parte do que torna o trabalho do perdão tão poderoso em relação ao trauma é que você abre as comportas das sensações não processadas, permitindo que elas venham à tona, do fundo de sua mente e de seu corpo, para o primeiro plano — para se moverem, receberem novo significado, serem transformadas (por exemplo, fazendo e criando algo a partir delas). Com essas formas criativas, permitimos que nosso corpo fale. Nós DEVEMOS deixar o corpo falar. O processo do perdão é uma parte da cura no nível mais fundo. Movimento e criatividade são meios de permitir que seu corpo fale o que não foi processado.

Trauma não processado desencadeado

Uma maneira de percebermos que temos um trauma não processado armazenado em nosso corpo é que a menor coisa acontece e ficamos furiosos. Confie em mim, querido, eu conheço a raiva muito bem. Era o meu padrão. Eu não percebia as maneiras pelas quais meus pais não me davam espaço para explorar minha característica queer e como isso havia sido traumático para mim — ser intimidado, ouvir no vestiário "você é bicha" e depois voltar para casa, para meus pais, e não poder falar sobre o que estava acontecendo comigo. Tive de processar isso sozinho, sem nenhuma ferramenta. Então, enquanto crescia, lidei com minha experiência traumática me tornando uma máquina de raiva.

As menores coisas me irritavam, e esse ciclo de raiva me mantinha inquebrável. Por quê? Porque cada vez que me enfurecia, eu alimentava aquela semente de raiva e fazia com que ela continuasse florescendo. Havia uma máquina de raiva dentro de mim; para outras pessoas, a reação poderia ser sair e entrar no modo silencioso. Outras pessoas comem, algumas usam drogas, outras permanecem em relacionamentos danosos — temos muitas maneiras de reagir ao que não processamos. Com o perdão, começamos lentamente a trazer à luz o que não foi processado, para o lugar onde isso pode ser processado. A menos que nos comprometamos verdadeiramente com essa tarefa, continuaremos envolvidos em nossos ciclos de resposta traumática, criando inconscientemente condições para permanecermos presos nesses padrões, porque é lá que nos sentimos seguros; afinal, aqueles são os mecanismos de enfrentamento que nossa mente construiu para nos proteger.

Meu Deus! Não é de admirar que as pessoas entrem em relacionamentos que as lembrem do pai abusivo, do professor verbalmente abusivo — inconscientemente, entramos em relacionamentos que perpetuam o ciclo de sofrimento, porque nos sentimos seguros naquele escuro. Eu entendo — é assustador falar, escrever ou mexer com as partes mais escondidas dentro de nós. Nós alimentamos e nutrimos esse ciclo por tanto tempo que aprendemos a acreditar que é seguro permanecer naquele sentimento. Mas não é.

Até que nos comprometamos com essa prática, com nossa cura e com a inversão de ciclos individuais de sofrimento, estaremos sempre arrastando nosso passado para o presente e colorindo o futuro com o filtro do trauma não processado. No fim das contas, isso se torna uma profecia que se confirma, por meio da qual recriamos o medo e a dor que sentíamos quando crianças em nossos relacionamentos adultos. Isso definitivamente aconteceu comigo. Criei a mesma dinâmica disfuncional que tive com minha mãe enquanto crescia com um sócio nos negócios. Sinta por um momento o peso disso. Imagine-se arrastando um saco de lixo pesado para cada nova experiência. Não seria muito mais leve deixá-lo de lado? Abandone-o. Não podemos mudar o passado, mas podemos mudar nossa relação com ele e nossa experiência no momento presente.

No ciclo de resposta ao trauma, o sistema límbico, responsável por equilibrar nosso humor, fica desregulado, e perdemos nossa capacidade de autorregulação.[3] É aí que surgem doenças como ansiedade, depressão e distúrbios do sono. Essa resposta cria um efeito cascata. Temos dificuldade em manter o equilíbrio e perdemos o controle de nossa paisagem interior. Vamos de 0 a 100 por hora sem lombadas no caminho, da emoção intensa ao fechamento total. A menos que nos comprometamos com a cura, continuaremos a procurar sexo, drogas, álcool, comida, pessoas — coisas que, quando feitas por medo, e não com amor, perpetuam estados desequilibrados do corpo e da mente. Quando perdemos o equilíbrio dessa maneira, muitas vezes — e vejo isso em meus alunos — esses comportamentos emergem em pares; fazemos sexo *e* usamos drogas, bebemos *e* comemos — em combos de problemas duplicados, tudo para encontrar algum tipo de alívio, de regulação, uma automedicação para compensar um sistema límbico fora do prumo.

Pessoalmente, escolhi viver sóbrio. Eliminei um de meus meios mais tóxicos de automedicação. É muito interessante mostrar que, ao fazê-lo, no começo você se deparará com todos esses gatilhos e não terá como dar conta. Esquecerá que o corpo produz o próprio coquetel de bem-estar — dopamina, serotonina, ocitocina e endorfinas —, mas se reconectar aos meios naturais que seu corpo tem para ajudá-lo a manter a felicidade e a calma é um processo lento. As endorfinas são o analgésico natural do corpo. Nós as produzimos quando nos exercitamos, ouvimos música, rimos e, claro, meditamos.[4] Quero que você pense nesses quatro neuroquímicos do bem-estar como parceiros na responsabilidade e aliados na cura.

Por exemplo, as endorfinas podem ser alguém que faz você rir, que o convida para fazer exercícios ou traz a você alimentos curativos. Ativamos a serotonina com gratidão, pensamento positivo, luz solar, chá verde, açafrão e alimentos fermentados. Então talvez seja o seu amigo nerd saudável, que está sempre lhe mandando artigos sobre saúde intestinal (de 90% a 95% da serotonina é produzida no intestino) e as últimas tendências alimentares.[5] A dopamina é o hormônio do prazer. Ela nos ajuda a agir e a atingir metas. Você pode ativar a dopamina estabelecendo metas mensuráveis e alcançáveis diárias e mensais, e com uma prática regular de meditação. É o amigo meditador que o acompanha e o ajuda a atingir seus objetivos. E depois temos a ocitocina, o hormônio do amor, que é liberado com contato físico, massagem, carinho, abraços. Esse aliado de cura é muito importante porque proporciona sentimentos de amor e confiança — exatamente aquilo de que precisamos para nos curar de traumas, para perdoar e para a autorresolução, para que possamos entregar ao momento presente a nossa melhor versão.

Embora possamos sentir que talvez não estejam relacionados, o trauma e o perdão estão interligados. Grande parte de nossa resistência em perdoar vem de um lugar muito dolorido e muito sombrio. Você sabe o que guarda. Nossas histórias são diferentes. Você pode ou não enxergar a forma como o trauma afeta partes de sua vida e o mantém preso. Tudo bem. A última coisa que quero que você faça é começar a processá-lo antes de estar pronto. É por isso que a autorresolução é tão poderosa.

Bloqueando o momento presente e bloqueando o coração

Aprendi sobre o perdão durante um momento muito difícil. Eu seguia ouvindo "esteja presente, esteja presente", mas cada vez que me sentava para tentar estar presente, minha mente permanecia presa no passado, presa a sentimentos ligados à forma como magoei pessoas ou como pessoas me machucaram. Culpa, remorso e ressentimento eram tudo o que eu percebia quando me sentava para "estar presente". Soa familiar? Era o oposto de estar presente. Era minha configuração padrão: entrar em um redemoinho de agonia mental. Assim foi por um bom tempo. Minha epifania de perdão veio muito mais tarde, quando consegui fazer a conexão entre as histórias que eu revivia e o fato de que ainda não havia feito as pazes com nenhuma delas. Eu sabia que tinha de fazer as pazes com meu passado. Precisava desesperadamente me libertar de meus erros. Eu não estava funcionando, porque meu passado estava definindo quem eu era. Perdoar me absolveria da responsabilidade pelas merdas que havia feito a mim mesmo e a outras pessoas? Sem chance. Mas o perdão me trouxe uma forma de honrar o que havia acontecido e encarar aquilo, para que eu pudesse estabelecer uma relação com o momento presente. Para muitas pessoas, esse é o bloqueio para se estar presente, e você não será capaz de conhecer o momento presente sem praticar o perdão.

É preciso muita coragem para fazer as pazes. Como eu disse, o perdão não é algo que nossa cultura valoriza. Então eu aplaudo você. É uma atitude corajosa ir contra a corrente. Fazer as pazes não significa empurrar o que quer que seja para baixo do tapete. Também não significa que o espaço que se abre será permanente. É uma prática contínua e de abertura do coração, um modo de vida. Perdoar abre espaço para isso, *e mais*. Sei que estraguei tudo *e* escolho avançar em direção à saúde e à felicidade. Você fodeu tudo e me machucou, *e* eu ainda lhe desejo tudo de bom. Fazer isso todos os dias é como uma limpeza energética do armário de seu coração. Tira coisas dali e abre espaço para coisas boas. Sinta-se à vontade para fazer disso um mantra: "Eu estraguei tudo e escolho a liberdade. Eu me perdoo. Eu escolho a liberdade". Caralho, não é bom dizer isso? Fico arrepiado! Esse é um remédio poderoso. Um trabalho significativo simplesmente não pode acontecer sem perdão.

Repita esta afirmação: *Eu amo minhas partes das quais não me orgulho*. Repita quantas vezes precisar. Sinta o amor-próprio e o autoperdão fluindo em sua mente — reconectando você com o coração.

"Mas não tenho nada nem ninguém para perdoar"

Pense novamente, querido. É assim que seu coração fica fortemente bloqueado. Mentalidade padrão: ser forte. Eu costumava pensar que não tinha nada nem ninguém para perdoar. Lembro-me de que durante um retiro de meditação de trinta dias no Nepal, eu olhava para todo mundo tendo colapsos emocionais, dia após dia, e pensava: *Caramba, vocês devem ter sido verdadeiros vilões antes de chegarem aqui.* Porque, garota, se você pudesse ouvir os soluços e choradeiras rolando, acharia que estávamos em um filme de terror. Enquanto isso, eu ficava sentado em meu canto e nada acontecia. Eu me ocupava julgando os outros por seus gemidos, e a mim mesmo por não chorar. Que porra eu tinha de errado? E que porra tinha de errado com eles? Dia após dia, eu permanecia sentado com meu jogo de pingue-pongue de julgamento — até que finalmente consegui um avanço. Pela primeira vez durante a meditação, um espaço se abriu. Coisas em minha vida que não haviam sido processadas começaram a surgir. A merda que eu havia feito comigo, em reação à forma como havia sido criado, e a dor que eu havia causado a outras pessoas, mesmo as menores, começaram a surgir. Foi um trabalho intenso reconhecer os sentimentos que haviam ficado escondidos por tanto tempo. Não demorou, e me juntei à festa da choradeira. Eu não estava mais preocupado com o que os outros estavam fazendo porque tinha de cuidar de meu próprio coração. Quero que você também tenha acesso a esse espaço e cuide de seu coração. Quero que você seja capaz de ouvir o que seu coração está pedindo. Tire um momento para refletir com o exercício de registro a seguir.

Escreva uma carta para os filhos da puta que machucaram você

Em um pedaço de papel separado, escreva uma carta para aquelas pessoas que o machucaram. Escreva sobre você. Como está se sentindo? Como o que aconteceu afetou sua vida? Que resquícios de mágoas do passado você está carregando hoje? De que modo aquilo que lhe fizeram afetou seus relacionamentos atuais e a maneira como você interage com o mundo?

Quando terminar sua carta, escreva ou repita: *Eu lhe perdoo e desejo que seja feliz, saudável e seguro. Que sua vida não seja uma luta.* Você não precisa enviar a carta; pode queimá-la.

Todos têm um trabalho de perdoar a fazer. Podem não ser pessoas que para perdoar, mas eventos, situações, culturas ou religiões. Talvez você já tenha feito uma parte desse trabalho verbalmente, cara a cara. Talvez já tenha feito as pazes mais óbvias com os filhos da puta que lhe machucaram. Talvez tenha pedido desculpas. Mas o que resta da energia dessa dor? Onde isso vai parar? Vou dizer uma coisa: ela permanece. A raiva é hábil em se perpetuar. Quando vamos ainda mais fundo, quais são as coisas mais sutis que precisam de nosso perdão — as energias da raiva, do ressentimento, da dor, da culpa? Aquelas que silenciosamente nos seguram. As respostas a essas perguntas mais profundas residem no coração. É ali que está o trabalho. Está ali e precisa de sua atenção.

Sim, o perdão é uma puta coisa importante — é preciso coragem, com certeza, mas também é algo muito simples. O caminho do perdão é energético, mental e espiritual. Seria bom ficar cara a cara com todo mundo que lhe magoou, mas esse não é o tipo de perdão necessário. Estou falando de um desapego que é cem por cento levado a cabo por você, internamente. O perdão é independente; não requer nada do outro. O trabalho do perdão é feito apenas entre você e seu coração.

Fazer as pazes com o coração começa com a autocompaixão. O irmão gêmeo da autocompaixão é o autoperdão. O autoperdão é o caminho para a libertação. O exercício de registro no diário a seguir começa a eliminar as formas mais óbvias de perdão e pede que você também se considere. Talvez seja hora de bater um papo com seu coração.

Escreva uma carta para si sobre o que você fez que lhe machucou

Escreva uma carta para si. Seja realmente honesto. O que você fez para se machucar? Pelo que você se deve desculpas? Não negligencie nenhuma área da vida: volte o mais longe no tempo que puder, passando por todas as idades e fases de que se lembrar.

Conforme você olhar para as formas mais sutis de perdão que sua vida demanda de você, examinaremos mais profundamente seu dia a dia. Que tipo de energia você está trazendo para seus dias e relacionamentos? Qual é a qualidade de seus pensamentos? Comece a se observar. Você julga a si e aos outros quando erros são cometidos? Acumula esses tipos de pensamentos negativos? Acha que essa energia está afetando sua realidade cotidiana? (Definitivamente está.)

Julgar a si e aos outros é perigoso, insalubre e não é espiritualmente atrevido. O julgamento bloqueia o progresso espiritual. Aprendi isso depois de julgar as pessoas e ter a prova de que estava errado, por repetidas vezes, e de manter falsas crenças sobre mim ao longo do caminho, como: "Estou sóbrio, portanto, sou mais iluminado do que fulano de tal", "Eu pertenço a este lugar, e você não", "Você bebe, portanto, não merece a iluminação." No meu tempo "mais espiritual", pulando de mosteiro a mosteiro, pensamentos como esses surgiam. Parte de meu aprendizado foi reconhecer esses pensamentos e eliminá-los.

Você está começando a ver por que a prática do perdão não é uma ação única, mas uma tarefa diária. Podemos começar a sentir gratidão pelas oportunidades de praticar o perdão e a compaixão. A prática a seguir o ajudará a perceber quais julgamentos e ressentimentos acumula durante um dia. Ela proporciona uma ferramenta rápida para liberá-los na hora em que acontecem.

Substituindo o julgamento

Hoje, preste atenção aos pequenos rancores e julgamentos a que você se apega.

Tente perceber quantos ocorrem em um dia. Quando você multiplica isso por 7 dias, por 365 dias, você pode ver como esses pequenos rancores e julgamentos do dia a dia se transformam em enormes árvores crescendo no jardim de sua mente, bloqueando a conexão com seu coração.

Quando você se pegar julgando, respire fundo e diga: "Eu lhe perdoo".

Tente fazer desse seu novo hábito diário.

Você aprendeu como o fato de não perdoar permite que o ressentimento, o medo, a ansiedade e a depressão controlem sua vida. Mas e depois? Como você recupera seu poder? Pratique, pratique, pratique. Transformar as formas padrão de pensar é a chave, e fazemos isso reforçando novos caminhos neurais baseados no perdão e na bondade. Bondade e compaixão tornam-se o novo padrão. Repita isto: "Eu me comprometo a deixar o poder do perdão entrar em minha vida".

O PODER DA AUTORRESOLUÇÃO

Quando falamos sobre perdão, estamos falando sobre autorresolução. A autorresolução é nossa capacidade de nos resolvermos conosco antes de sairmos em busca de uma solução com outras pessoas. Por exemplo, quando nos sentimos magoados por alguém, imediatamente queremos falar com essa pessoa porque pensamos que, conversando com ela, encontraremos uma solução. Mas, na verdade, estamos apenas deixando nossa emoção escapar e fazendo uma projeção na conversa e na outra pessoa. Muitas vezes nos esquecemos de que precisamos primeiro fazer o trabalho do nosso lado. Essas cartas de perdão são esse trabalho, e sua hesitação está demorando para ser corrigida. Quando estamos vacilantes, não conseguimos perdoar porque nos apegamos a histórias do passado. Mas quando estamos no nosso centro, podemos abordar qualquer situação a partir de um lugar de estabilidade bem sedimentada, onde o coração lidera o caminho, não importa quão grande ou pequena seja nossa transgressão ou a transgressão que outra pessoa tenha cometido.

Resolver o nosso lado é o primeiro passo para a libertação, e isso vem funcionando para meus alunos. Tenho muitos exemplos poderosos de cartas de perdão de alunos. Há um exemplo em particular que adoro. Enquanto essa aluna e eu conversávamos sobre perdão, ela disse: "Não estou interessada em perdoar; parece que estou entregando meu poder. Prefiro guardar rancor". Eu a encorajei a tentar, mesmo que ela tivesse dúvidas. Para contextualizar, essa pessoa havia rompido com o parceiro um ano antes e ainda guardava rancor. No momento em que ela escolheu se abrir, perdoar o ex e insuflar perdão nessa troca, ocorreu uma mudança. Ela escreveu uma carta o perdoando pela forma como ele a havia tratado, e outra para si, pela forma como ela havia lidado consigo, entregando-se à dor durante um ano, e pediu perdão a ele pela dor que havia causado. Depois de escrever a carta, ela a queimou. Guardar rancor é como beber veneno e esperar que outra pessoa morra. A autorresolução e o perdão andam de mãos dadas, porque quando aprendemos a perdoar, estamos consertando e liberando as amarras do passado e nos conectando diretamente ao coração. No dia seguinte àquele em que ela escreveu a carta, recebeu um e-mail de seu ex, aparecendo ali para pedir perdão!

Aprendendo a dançar com os gatilhos

A autorresolução apareceu de muitas maneiras para mim. Compartilharei um exemplo recente. Houve uma falha de comunicação em um Centro de Dharma onde eu estava hospedado em Bodh Gaya durante os ensinamentos de Sua Santidade o Dalai Lama. Uma pessoa foi muito desajeitada na maneira como falou comigo. Eu me senti muito ofendido, pequeno e vacilante, fora do centro e de meu poder. Afastei-me da situação e comecei a criar um monte de histórias sobre a pessoa. Buscando algum alívio, fui até a árvore Bodhi. Sentei-me ali e, conforme tentava perdoar a pessoa por ter me humilhado, comecei a me tornar capaz de dançar com meus gatilhos de uma maneira profundamente nova.

Sim, a maneira como ela havia falado comigo havia sido o catalisador para meu estado instável, mas minha experiência e reação refletiam o ponto que *eu* precisava trabalhar. Meditei sob a árvore Bodhi a respeito do perdão; sentei-me com a raiva, a frustração e a hesitação que surgiram em mim e, sozinho, sem qualquer ajuda dela, fui capaz de perdoá-la por suas palavras indelicadas.

De volta ao centro, no dia seguinte, encontrei a mesma pessoa. Acontece que eu havia deixado minha bolsa em um banco, e a pessoa estava sentada lá, então não pude evitá-la. Ótimo. Então aproveitei para me comunicar. Eu disse: "Ei, o que aconteceu lá atrás deixou uma sensação ruim em mim". Ela respondeu: "Oh, meu Deus! Eu também estou ruminando isso". Eu me desculpei. E ela disse: "Não, por favor, você que deve *me* perdoar, está tão fora do meu caráter, estou tão estressada..." Ela, então, me perguntou se poderia pedir desculpas aos meus amigos, com quem ela também havia gritado. Ela os encontrou e pediu desculpas a todos.

Essa resolução não teria acontecido se eu não houvesse tido um pouco de clareza e já tivesse a perdoado pela forma como havia me tratado, e a mim mesmo pela tarde que passei com raiva, obcecado e confuso com a história. A lição é: a autorresolução não só tem o poder de limpar o que você estiver projetando, garantindo que suas feridas não espirrem nos outros, como também nos ajuda a navegar pelos gatilhos de uma maneira nova. Autorresolução, perdão e gatilhos andam de mãos dadas. Quando sentimos os gatilhos, somos capazes de nos voltar para dentro, em vez de sair imediatamente culpando e apontando o dedo. Somos capazes de nos interiorizar, perceber onde estamos instáveis, onde precisamos de nutrição e o que precisamos fazer para voltar ao nosso centro, e *só então* responder. Ninguém pode lhe machucar sem permissão.

Os gatilhos fazem parte da vida. A presença de certas pessoas por si só pode ter um efeito desencadeador em você. Isso pode acontecer espontaneamente, do nada. É aqui que o carma desempenha um papel significativo. Às vezes, elas nem precisam dizer algo para afetá-lo. Talvez seu sistema nervoso esteja fora de controle ou seus pensamentos estejam confusos, ou pode ser o carma que você tem com essa pessoa em particular. Seja o que for, a única maneira de você fazer disso uma lição e aprender algo é responder ao que sente sem trazer o passado para o momento presente. Se você perceber a velha fruta amadurecendo, opte por regar outra semente, colha outra fruta.

Se está trazendo seu passado para o momento presente, você está reagindo. Se vem optando por deixar seu passado para trás e responder ao que surge com clareza, compaixão e sabedoria, então você está redesenhando essa lição cármica, e é provável que ela não apareça novamente. Aprenderemos lições cármicas continuamente porque é para isto que estamos aqui: atravessar a ponte chamada vida até o dia de nossa morte. Ao longo de nossa caminhada por essa ponte, continuaremos recebendo lições e bênçãos. Chegará o tempo em que poderemos ver tudo como bênção. Claro, quando estamos no meio da situação difícil, também é muito difícil enxergá-la como lição ou bênção. Mas devo dizer, eu consegui resolver algumas das coisas mais traumáticas que já aconteceram comigo por perdoar e redesenhar a lição cármica, e agora as vejo como bênçãos. Mas esse trabalho leva tempo.

É importante buscar a autorresolução antes de falar com a outra pessoa. Na maioria das vezes, quando buscamos a autorresolução, ela é o suficiente — não precisamos procurar a outra pessoa. Quando escolhemos a autorresolução, o universo e a própria vida, muitas vezes, trazem uma assistência inesperada. Você pode receber um telefonema ou um e-mail — algo que reforce que você cumpriu a tarefa. É tão lindo quando um alinhamento desses acontece! Quando não realizamos o trabalho de autorresolução, perdemos energia e saímos por aí, inconscientemente, infligindo danos inconscientes e desnecessários a outras pessoas. Pode ser algo muito sutil, mas isso impactará tudo com que você entra em contato; certamente está impactando a qualidade de seus pensamentos, de seu sistema nervoso e os dos outros também. É assim que o ressentimento, a raiva, o trauma e a emoção não processados exercem seu poder. Tudo o que você carrega em sua mente se torna o filtro através do qual você vê a realidade. Os sentimentos com os quais você está se identificando estão impactando a realidade fora de si tanto quanto na sua realidade interior. A autorresolução e o perdão são ferramentas fundamentais para a caixa de ferramentas espiritualmente atrevida. E não é um trabalho para ser feito uma vez. Você não perdoa ou pratica a autorresolução uma vez e pronto. É um trabalho constante, e estes são alguns sinais de que o trabalho está funcionando: 1) fisiologicamente, redesenhamos as vias neurais do cérebro, recalibrando o sistema nervoso de forma que tenhamos força e coragem internas para enfrentar tudo na vida com resiliência e habilidades saudáveis; 2) psicologicamente, redesenhamos nossa relação com as memórias dolorosas e com nossos gatilhos, a tal ponto que nem sempre nos levam a uma espiral de ruminação; e 3) espiritualmente, nos livramos do ressentimento, da culpa e das ervas daninhas vergonhosas do jardim cármico de nossa mente e redesenhamos nosso acesso ao coração para que possamos confiar plenamente em nós e nos outros.

DIGA "TCHAUZINHO, GAROTA" À DOR, COM INTEÇÃO VERDADEIRA

O perdão é uma prática ativa, algo que deve ser feito repetidamente até que a relação com o evento, a história, a coisa se transforme. Até você se transformar. A segunda etapa desse trabalho é apenas o começo de sua transformação. Não é praticando o perdão uma vez, ou lendo este capítulo, que você facilmente dirá "tchau, garota" para a dor do passado e a dor que você causou a si e aos outros será apagada. Não. Não é a promoção do dia; é uma prática constante. Em vez de ser fisgado e arrastado pelas histórias, você será capaz de notá-las e jogar o glitter do perdão nelas à medida que surjam. Você está constantemente redirecionando a mente para o coração: jogue glitter nelas.

Chegará um momento em que você pegará o livro — aquele que contém a sua falta de perdão a si e a outras pessoas, e os sentimentos de merda que a acompanham — e será capaz de fechá-lo e colocá-lo de volta na prateleira. Você sempre terá acesso ao livro, mas ele não será mais o padrão. Ele não o definirá. Em vez disso, você começará a enxergar a partir de uma nova perspectiva de sua nova história. O livro sempre será de sua autoria, mas não definirá mais seu momento presente. Sua nova história será sobre o modo como você transmutou a dor, como transformou eventos traumáticos e sofrimentos em liberdade. O modo padrão está encerrado. Você é o herói.

O perdão é tão poderoso porque permite existir escolhas onde não havia nada. A maioria de nós vive sem escolha. Memórias dolorosas surgem e você é dominado por elas. Elas se tornam seu dia, sua semana ou, se você for como eu, seus anos.

Quando olhamos para nossa caixa de ferramentas espiritual, ou, como gosto de chamar, pochete espiritual, a compaixão cresce e se torna um recurso. Praticar o perdão aumenta nossa capacidade de ser compassivo e construir o que Buda chamou de mérito. Acumular mérito virtuoso purifica seu jardim cármico. Podemos ver o mérito como dinheiro espiritual que é usado para pagar dívidas cármicas

— é como acumular "pontos", mas com a ideia de que o crédito que suas ações virtuosas lhe proporcionam é uma felicidade maior, nessa vida e no futuro. Praticar o perdão e a compaixão aumenta seu crédito cármico, por assim dizer.

A seguir vai uma prática combinada de respiração e mantra que auxilia no processo de desapego e também ajuda a invocar os tipos de bondade. A respiração nos dá espaço para infundir memórias dolorosas com palavras curativas, criando um vocabulário interno de suporte.

Meditação: Eu valho o esforço
Inspirando, diga a si mesmo: *Eu valho o esforço.*
Expirando, diga a si mesmo: *Estou me permitindo curar.*
Inspirando: *Eu valho o esforço.*
Expirando: *Estou me permitindo perdoar.*
Inspirando: *Eu valho o esforço.*
Expirando: *Estou me permitindo deixar para trás.*
Inspirando: *Eu valho o esforço.*
Expirando: *Estou me permitindo amar.*
Inspirando: *Eu valho o esforço.*
Expirando: *Estou me permitindo ser amado.*
Inspirando: *Eu valho o esforço.*
Expirando: *Estou me permitindo brilhar.*

A respiração é um modo de liberar a tensão que surge cada vez que emerge uma memória de algo que você não foi capaz de perdoar ou com o qual não conseguiu fazer as pazes. Quando somos fisgados por uma história, a respiração se torna superficial, o sangue começa a bombear pelo corpo e entramos no modo lutar/fugir/paralisar. Quando estamos nesse ponto, não conseguimos perdoar nem a nós mesmos nem a ninguém; não conseguimos nem nos conectar com a realidade. Quando usamos a respiração como prática básica, ganhamos a capacidade de perceber o momento em que somos fisgados por uma história e podemos usá-la para dispersar a carga emocional dessa história — não para colocá-la debaixo do tapete novamente, mas para ter espaço suficiente para estar com o sentimento e perdoá-lo para que possamos seguir em frente. Cada vez que você está em profunda conexão com a respiração, quando surge uma memória traumática, uma nova perspectiva se abre e uma velha corrente é quebrada.

Prática de respiração

Essa é uma técnica de respiração poderosa que pode ajudar qualquer pessoa a aprender a respirar corretamente, usando nosso diafragma, comumente conhecida como respiração abdominal. A maioria das pessoas respira incorretamente, usando apenas os músculos do peito, o que indica que estão emocionalmente de guarda levantada.

Essa prática, que também é ensinada nas forças armadas, ajuda a reduzir a ansiedade, trazendo relaxamento à mente e ao corpo, equilibrando a frequência cardíaca. Você pode fazê-la deitado, em pé ou sentado.

- Inspire longamente, da parte inferior do abdômen e do diafragma, raspando levemente o ar na parede interna da garganta, durante quatro segundos.
- Segure o ar por quatro segundos.
- Expire lentamente, deixando o ar raspar levemente a garganta, durante seis segundos.
- Mantenha o pulmão vazio por dois segundos.

Faça isso por cinco minutos.

MAIS PARA PRATICAR

Você se lembra de que falamos sobre como o trauma e o ressentimento (os efeitos de não perdoar) permanecem em seu corpo? Uma maneira de mudar isso é... mover-se. A seguir estão algumas ideias para você começar a se mexer, com a intenção específica de ajudar em sua prática do perdão.

Hora de se mexer

Dança do perdão

Pare o que estiver fazendo, coloque uma música e dance. À medida que se mexe, sincronize-se com as palavras: "Estou disposto a perdoar". Estabeleça a intenção de que o movimento alegre está a serviço de sua cura, especificamente para acolher o perdão em sua vida, onde for necessário. Dance para botar para fora ressentimentos, arrependimentos, culpa, raiva — qualquer coisa que você precise liberar. Dance como se ninguém estivesse olhando. Tente mover todas as partes de seu corpo.

Abridores de quadril: Posturas do pombo e do sapo

Essas *asanas*, ou posturas, são mega-abridores de quadril. Faça-as quando se sentir perdido (como no meu momento do retiro, quando todos estavam avançando, menos eu). Use-as quando sentir que precisa ir mais fundo para se curar. Mantemos as emoções armazenadas em nossos quadris tensos, e quando os abrimos, podem nos ser reveladas coisas que antes estavam escondidas. Faça-as regularmente para manter as coisas abertas e fluindo.

O movimento não é a única forma externa de apoiar a cura. Não vamos negligenciar o que colocamos em nosso corpo na forma de alimento. Sua comida o está nutrindo ou o mantendo bloqueado? A seguir estão algumas dicas para dar suporte emocional ao seu corpo enquanto você faz esse trabalho profundo. A saúde física dá suporte ao progresso espiritual.

Alimentar o coração

Ao se alimentar hoje ou esta semana, cozinhe mantendo o perdão como intenção. Na verdade, qualquer ato mundano pode ser uma meditação. Quando você se sentar para comer, abençoe sua refeição e peça que ela o ajude a se libertar. Peça que ela dê base para sua cura. Faça disso parte da revolução de seu coração. Repita a intenção: "Esta refeição está me libertando de meu passado".

Você também pode:

- Dedicar sua refeição a alguém.
- Adicionar cúrcuma, o antidepressivo natural da natureza, sempre que possível.

Comprometa-se a fazer do perdão um novo modo de vida para si e observe a mágica acontecer. Agora que você entende o que é o perdão e o poder que ele tem, pode usá-lo quando quiser. Deve ser um aparelho básico em sua nova caixa de ferramentas.

Agora vamos escrever a sua nova história. Querido, você está pronto.

5
Sua nova história

Passo 3: Borrife alvejante espiritual nos sistemas de crenças que o mantiveram preso

Então, quem é você? Não os seus rótulos, mas Você. Lá no fundo. Você como uma irmã ou um irmão, uma filha ou um filho, um trabalhador ou uma trabalhadora, um homem gay ou uma mulher trans, uma mulher negra ou um estudante, um imigrante ou... O que quero saber é: quem é você de acordo com seu coração? Quais são suas qualidades mais profundas? Quais são as texturas de seu ser mais profundo? E o que você quer? Não materialmente. Não me importo com seus objetivos monetários, sociais ou românticos. O que seu coração quer? Não no sentido romântico. Quais são as necessidades de seu coração? Como seu coração deseja se expressar? Você sabe? Essa pergunta lhe assusta? Irrita? Tipo, de que porra esse cara está falando? (Estou sorrindo para você, relaxe.) Neste capítulo, exploraremos suas camadas mais profundas. Vou lhe dar uma dica: seu coração é fundamental para desmantelar suas falsas crenças e chegar à sua verdadeira essência.

Tive meu primeiro encontro com minha essência na minha primeira viagem à Índia. Eu estava fazendo uma atividade chamada meditação da morte e tive uma resposta psicológica poderosa. Não havia nada inerentemente sagrado em eu estar na Índia. Ir para a Índia não é pré-requisito, mas a viagem me ofereceu o primeiro espaço que tive para realmente me conhecer, e a mensagem que tinha para mim me atingiu como uma tonelada de tijolos: "Sah, você tem tanto trabalho a fazer!" Eu estava preso em minhas histórias e, pela primeira vez, pude ter um vislumbre de verdade. Talvez tudo o que me tinham dito fosse mentira. Talvez tudo o que eu havia pensado que sabia fosse mentira. Senti naqueles momentos o quanto meus pensamentos estavam desalinhados com quem eu era. Eles simplesmente não combinavam com o que eu queria sentir. Eles não batiam com quem eu estava começando a ver que era, lá no meu coração.

SUA VIDA, SUA HISTÓRIA, SUA ESCOLHA

Então, essa história sua — o que você faz, quem você é, qual é o seu potencial, seu valor, sua paixão, seu trabalho, o que lhe interessa, sua dor, seus traumas, quais são seus hobbies, as coisas nas quais você é bom e aquelas nas quais não é, de onde você vem, de quem você descende — a maior parte do que você considera ser você, foi absorvida ou condicionada pelo seu ambiente e pela sociedade. Apenas uma pequena lasquinha é o verdadeiro Você e é seu trabalho abrir cada vez mais a porta para que essa lasca se expanda e sua luz brilhe. Cada vez que você escolhe desligar o piloto automático — pelo qual você vem reproduzindo e repetindo as histórias que o mantiveram preso —, está se permitindo ser mais plenamente quem realmente é, e sua personalidade verdadeira e desinibida pode brilhar.

Quem você realmente é. Isso não é tão esotérico ou místico quanto pode parecer, como se a pessoa por trás de toda a besteirada fosse um unicórnio mágico ou algo assim. Não, é muito mais simples. É o que é fundamental. Muitas vezes, estamos procurando aquele grande momento em que você diz "*A-há!*" ou dá um salto súbito quando descobre que aquilo que vínhamos procurando — *você* — esteve aqui o tempo todo. As qualidades inatas do observador amoroso e sem julgamento, a sabedoria que surge quando você tem conhecimento ou intuição, estão está bem ali, entre sua respiração. É isso aí, pessoal. Esse é o Você que eu quero que você conheça. Quem você é, essa é a essência do seu coração, um gênio criativo e incondicionalmente amoroso e corajoso pra caralho. A mente é seu veículo para descobrir essa parte de si.

Você, com força total

Ok, isso pode soar tenso, mas sei que você está pronto para ouvir! Você já esteve perto de alguém que não vive com todo seu poder, que não se expressa de coração, que está no piloto automático? Pode ser algo meio sufocante de observar. Em primeiro lugar, não julguemos, porque, se o fizermos, estaremos regando as sementes do julgamento em nosso jardim cármico. Também não descartemos isso, porque, novamente, estaremos regando e plantando essas tendências perversas em nosso jardim. Mas o que realmente precisamos fazer, para o bem de todos, é perceber como transmitiremos a linguagem do coração ao mundo — como expressaremos compaixão, alegria, sabedoria e amor, para que, quando adentrarmos um local com força total, nossa comunicação não verbal diga que todos podem soltar os cabelos, tirar a máscara e deixar a bandeira dos esquisitos ser hasteada. Nosso trabalho é domar as neuroses, treinar a mente, eliminar ervas daninhas de nosso jardim cármico para que possamos usar a energia poderosa da mente para encontrar nossa maneira própria e única de expressar qualidades inatas do coração como nosso presente para o mundo. É aqui que sua personalidade única e fabulosa emerge e permanece exposta. Todos, por favor, deem as boas-vindas ao seu mega boss interior.

Você está aqui na Terra para interagir com o mundo, para usar seu corpo, para desenvolver sua personalidade única como uma extensão e expressão de seu coração. No Capítulo 1, contei a você como eu pensava que meu caminho seria o asceta, mas, desde então, descobri que esse Eu ao qual fui chamado para ser é aquele que funciona com força total, velocidade máxima. Um pouco de meu trabalho é abraçar todas as minhas partes: o observador silencioso que está comigo o tempo todo, enquanto medito e respiro, assim como o homem humano risonho, dançante e enérgico que sou. Essa é minha magia. O corpo que eu ganhei, a personalidade, a mente, o coração — essa é minha magia. Então é aqui que a mágica acontece, onde a pessoa única e linda que você deveria ser (que já é, por baixo de tudo) pode florescer e compartilhar seu coração com o mundo por meio do maravilhoso veículo que você é. Isso, garota! Ram Dass disse: "Gostaria que minha vida fosse uma declaração de amor e compaixão — e onde não for, é aí que reside meu trabalho"[1]. No caminho atrevido, seguimos corajosamente, com força total, para mergulhar nesse trabalho e nessas lições.

O que encobre e inibe sua expressão plena são suas histórias. Temos de parar de esconder nossa magia por trás de nossas histórias. Temos muito medo de sermos vistos como o estranho, o esquisito, como um "outro". Mas tenho que lhe dizer, querido: quanto mais esquisito eu me tornava, mais permanecia em meu poder, mais eu avançava para minha abundância, mais as pessoas queriam estar perto de mim e ouvir o que eu tinha a dizer.

Reescrever sua história para corresponder à sua essência é o que você veio fazer aqui. Estamos aqui para criar a partir da nossa dor; estamos aqui para transcender as maneiras pelas quais fomos presos; estamos aqui para transmutar e transformar nossas tristezas, culpas e vergonhas em algo que ajudará a libertar outros, incluindo as pessoas que virão atrás de nós.

Limpando a casa por dentro e por fora

Quando digo "reescrever sua história", estou voltando a um princípio budista fundamental que diz que somos interdependentes e impermanentes. Quem somos agora depende de nossa relação com o que está à nossa frente, o que está ao nosso redor e o que está ativando nossos sentidos. Como seu ambiente está sendo processado pela sua mente e impactando sua realidade? Quem somos agora é algo completamente diferente de quem seremos amanhã. O que está ao seu redor influencia diretamente sua realidade; aquilo que está ao seu redor e sua relação com isso *são* as condições que sustentam seu momento presente. Embora essas condições não definam seu coração, elas influenciam a qualidade de sua mente. Portanto, seu ambiente ou está aproximando você do coração ou o afastando dele. A forma como sua essência se expressa é única em relação ao seu carma particular. A coisa mais importante e mais simples que você pode fazer é se comprometer a plantar e cultivar as sementes que sustentam a realidade que você deseja.

Por exemplo, você se torna aqueles com quem você passa a maior parte de seu tempo. À medida que limpamos nossa paisagem interna, também temos de ter coragem de limpar nossa vida externa.

Talvez você nunca tenha saído de sua casa de infância. Talvez esteja morando na mesma cidade em que cresceu porque era isso que todo mundo fazia. Talvez, enquanto lê isso, precise deixar sua cidade natal. Talvez seja hora de ir para a cidade grande, ou talvez de explorar a parte de si que é curiosa, que sempre quis experimentar algo novo. Lembre-se, querido: se você escolher viver a mesma vida por 75 anos, chegará ao último suspiro arrependido por não ter saído dali. Na verdade, ouço isso o tempo todo, especialmente quando volto de uma viagem. As pessoas dizem: "Vou fazer isso quando me aposentar". E eu digo: "Vadia, você sequer sabe *se* vai estar por aqui para se aposentar e viajar pelo mundo!" Pare de seguir essa norma. Essa ideia construída de segurança não o está deixando seguro; ela está fazendo de você alguém mais inseguro, mais medroso, mais vacilante — está mantendo você longe de seu coração, longe do potencial que você tem para sair do armário espiritual e estar profundamente no agora. Você não teria esse desejo em seu coração se ele não fosse feito para você. Pare de ter tanto medo de reivindicar esse desejo. Esteja no coração. Crie com coragem — crie algo, mas também crie sua vida. Como você quer viver?

Redefinindo o sucesso

Quando falamos em reescrever sua história, é importante percebermos que temos uma missão individual aqui na Terra. Há 99% de chance de você estar tentando cumprir metas estabelecidas não por você, mas por seus pais, seus avós e pela sociedade. Tenho 99,9% de certeza de que você não tem uma definição de sucesso para si.

A beleza de eliminar o ruído e as merdas até que reste apenas o essencial é que Você passa a decidir. Você passa a escolher. Passa a criar definições. Esse é o primeiro passo da nova história. *Sucesso* é uma palavra muito carregada. O que ela significa para cada indivíduo depende de sua própria história. Sua definição de sucesso pode estar associada a provar que alguém está errado ou permanecer enraizado na vergonha ou viver a visão de outra pessoa para si. Pense no que o sucesso significa para você e escreva sua definição. Seja bem específico. Realmente visualize-se sendo bem-sucedido. O que você está fazendo? Quem está com você? Como está seu visual? O que você tem?

Agora quero que você se concentre em como se sente. Como você *se sente* sendo bem-sucedido? Esse sentimento é a verdadeira definição de sucesso. Provavelmente é um sentimento de alegria e prazer. E o que é alegria para você? Calma? Paz? Alinhamento? O que é? Isso, meu amigo, é sucesso. Se consegue se sentir assim, está no seu caminho.

Quando você precisar de uma checagem da realidade em relação ao sucesso, pode fazer algumas perguntas a si para ajudá-lo a despertar. Vamos tentar fazer isso com um objetivo. Tem de ser algo externo que você deseje alcançar.

O que você quer?

____

Quem lhe ensinou a querer isso?

____

Você ainda quer isso?

____

Agora experimente o mesmo com uma crença. Você pode voltar à página 56 e se lembrar de algumas das crenças negativas que você vem carregando consigo.

No que você acredita?

____

Quem lhe ensinou a acreditar nisso?

____

Você ainda acredita nisso?

____

Na dúvida, concentre-se no sentimento. Se consegue sentir sucesso, alegria, da forma como os define, então você está livre. É possível se tornar sua realidade.

TUDO SOBRE VOCÊ

Conforme você vem percebendo, *Você* é um ser complicado, uma história complicada. Se pretende escrever uma nova história sobre si, primeiro deve se tornar um especialista nas coisas relacionadas a você. Como sabe agora, consciência é poder. Se você pode identificar algo, pode alterar isso. É quando vivemos no piloto automático que perdemos nosso poder.

Em uma folha de papel separada ou em seu diário, responda às seguintes perguntas, gastando cinco minutos ou menos em cada uma. Não pense demais, apenas deixe fluir.

1. Qual é sua história? (Em outras palavras, se você tivesse de escrever uma história de sua vida com começo, um desafio/conflito, um clímax e um final, passando por toda sua vida até agora, como seria?)
2. Como sua história/seu passado o moldou?
3. Algum evento ou memória traumática (ou algo mais) alimentou o modo como você pensa sobre si?
4. Qual foi o maior desafio de sua vida?
5. Qual foi a melhor coisa de sua vida?
6. O que significa sucesso para você?
7. A quem você é grato?
8. Pelo que você é mais grato em si?
9. Qual é a coisa da qual você mais se orgulha?
10. Qual é a coisa da qual você mais se envergonha?
11. Quem é você neste momento?
12. Como você mudou?
13. O que você ama em si?

14. O que você gostaria de poder mudar em si?
15. O que você gostaria de mudar em sua vida?
16. Qual é seu desejo mais profundo para si e sua vida? (Esqueça quaisquer limitações percebidas — pense grande!)

A mente é poderosa (como sabemos) e sorrateira (ela nos faz acreditar que somos nossos pensamentos e sentimentos). Agora que você entende quem é seu crítico interno e que ele está sempre ativo — geralmente com uma tendência para o negativo —, veja o que você escreveu e pergunte-se, para cada resposta:

> Quais palavras/respostas vieram do crítico interno/da mente viciada?
> Quais palavras/respostas são de seu coração?

Agora veja o que você escreveu. Pergunte-se: o que é verdade? Circule as palavras e frases verdadeiras.

PROTEJA SEU CORAÇÃO

Todo esse tempo, você protegeu sua mente. Você tem sido leal à sua mente destreinada, que involuntariamente *não* tem em mente seus melhores interesses. Quando ela narra suas emoções e os eventos da vida diária, lança suas opiniões aleatórias, quando ela o convence de que você não é nada ou o desencoraja de fazer coisas que são assustadoras, mas necessárias para seu crescimento — você é tão leal! Enquanto isso, seu coração diz: "Olá? Alguém está ouvindo?". É hora de dar a atenção que ele merece. Seu coração acredita em você e tem a sabedoria de que você precisa para dar passos corajosos em sua vida. Lembre-se, seu coração está onde reside sua bondade. Então, como fazer esse músculo crescer, se você está acostumado a obedecer a todos os caprichos do crítico interior e vem sendo assim por toda a vida?

Uma maneira bela e profunda de se conectar com o coração espiritual é visualizar a inspiração e a expiração vindo do centro do peito. Lembre-se de que a porta de entrada para o coração espiritual está no próprio coração. Aí vai uma prática para ajudá-lo a se reconectar com o campo do coração.

Visualização do coração

Visualize suas inspirações e expirações vindo do centro do peito.

Respire fundo contando até quatro, visualizando o ar vindo do coração espiritual, e segure a respiração por dois segundos.

Então, expire ao longo de seis segundos.

Repita essa prática por alguns minutos, continuando a visualizar a respiração vindo do centro do peito.

Metas do coração *vs.* Metas da mente

Temos conversado muito sobre quem você é. Mas o que você quer? Essa questão, muitas vezes, se perde nos desejos da mente. "Quero comprar uma casa. Quero me casar. Quero sucesso." Os objetivos do coração são diferentes. Eles são a força do desejo inicial por qualquer coisa — a intenção por trás do objetivo. Intenções são mensagens do coração. Alcançar clareza sobre as intenções do coração nos ajudará a falar a linguagem do coração. A mente, devido ao seu condicionamento, tornou-se polarizada e destreinada, por isso os desejos que vêm desse lugar destreinado são egoístas e nos levam a mais sofrimento. Quando você treinar a mente para dar base à música em seu coração, saberá exatamente o que fazer.

Escreva a seguir cinco de seus objetivos.

Objetivo da mente	**Objetivo do coração**
Ex.: Encontrar amor.	Experimentar uma conexão maior e mais íntima.
Ser bem-sucedido no trabalho.	Executar trabalhos que ajudem no despertar de minha comunidade.
1. ______________________	1. ______________________
2. ______________________	2. ______________________
3. ______________________	3. ______________________
4. ______________________	4. ______________________
5. ______________________	5. ______________________

Esses objetivos do coração são seus novos objetivos. Quando você se descobrir querendo alguma coisa, buscando alguma coisa, pergunte-se: o que está por trás desse desejo? Lembre-se de que o carma começa com a intenção. Há informações dentro de nossos desejos, mas, muitas vezes, elas precisam ser desembrulhadas para que possamos vê-las em seu estado mais puro.

Falando de volta

No lado esquerdo, escreva cinco das coisas mais comuns que seu crítico interno lhe diz. No lado direito, escreva o que seu coração diria.

Papo do crítico interno	Conversa do coração
Ex.: Você provavelmente vai falhar.	Nada me impede de ter sucesso.
1. ______	1. ______
2. ______	2. ______
3. ______	3. ______
4. ______	4. ______
5. ______	5. ______

Essa é a sua nova conversa interna. Capacite-se com esse tipo de declaração e elas se tornarão seu novo padrão. A ação começa com o pensamento. Se você consegue pensar de forma diferente, então está no caminho certo para mudar sua vida.

A VERDADE DE QUEM VOCÊ É

Este é o grande segredo que espero que o exercício anterior lhe tenha mostrado: você é bom, gentil, digno, bonito, amoroso e compassivo. É disso que você é feito em sua essência. Você é exatamente a pessoa que seu coração sabe que você é. Pode confiar nisso. O resto é história. À medida que acessamos a consciência e o conhecimento dessa bondade inata e nos sentimos confortáveis com essa verdade, esse músculo da bondade fica mais e mais forte. À medida que o músculo do bem cresce, adivinhe quem começa a ficar mais quieto? A porra do crítico interior, porque ele perde a força. Ele ainda vai estar falando a mil por hora sobre alguma merda negativa, mas você estará aqui em cima, conectado à sua bondade inata, dizendo de volta: "Não, não. Estamos bem".

Treze maneiras de atualizar seu hardware

1. Elimine um pensamento negativo com um pensamento bom.
2. Pratique a gratidão.
3. Medite e faça exercícios respiratórios.
4. Entre em contato com seu mundo interior frequentemente.
5. Diga coisas boas para si.
6. Esteja por perto de pessoas inspiradoras.
7. Seja você mesmo ao máximo.
8. Não faça fofoca.
9. Pratique a não violência com palavras e ações (e nada de matar, nem mesmo um mosquito).
10. Reconheça quando estiver errado e admita seus erros.
11. Diga sempre a verdade.
12. Aja com integridade de coração.
13. Mova seu corpo regularmente.

Faça um desejo de coração

Algumas páginas atrás, pedi que você escrevesse seu desejo mais profundo, para si e sua vida. Como esse desejo mudou? Há alguma pergunta que você precisa fazer sobre aquele desejo? Você precisa saber sua intenção? Com tudo isso em mente, e fazendo as edições necessárias, escreva a seguir o seu desejo para si e sua vida. Criar as condições ideais para você se alinhar e receber esse desejo será nosso trabalho nos capítulos seguintes.

Meu desejo para minha vida e para mim: ________________

____

Antes de seguirmos

Se ao menos soubéssemos que os pensamentos estão simplesmente passando por nós, e não se originando de nós... Nossa mente é como uma antena de rádio captando e processando o que passa. O problema é que acreditamos que os pensamentos que a mente processa são indicadores da verdade, quando o verdadeiro indicador da verdade está abaixo dos pensamentos. Abaixo de seus pensamentos é onde você tem acesso ao momento presente, onde você pode ouvir o coração. Em vez de ficar preso a eles, você reaprende a se guiar pelo impulso de amor, sabedoria, compaixão e alegria baseado no coração. Quando esse impulso do coração é nutrido e praticado, ele o leva à criatividade, à autoexpressão desinibida e à coragem. Mas será preciso trabalhar para redesenharmos continuamente nossos impulsos, uma vez que muitos deles estão confusos e misturados com sentimentos destrutivos, pensamentos cruéis e traumas não resolvidos.

Pensamentos e sentimentos virão à tona sem qualquer ajuda sua, e é sua função escolher acreditar nesses pensamentos e sentimentos como indicadores da verdade ou optar por se libertar. Continuaremos a aprender pequenas maneiras de dar suporte ao novo (verdadeiro) você. A ideia é a de que, no fim das contas, você acredite no seu ser mais íntimo e crie condições para se reabastecer e nutrir até que esteja completamente desperto nesta vida. Não é muito bom dizer isso?

6

Seja seu próprio guru

Passo 4: Desperte sua sabedoria interior

Esse passo trata do despertar para sonhos e desejos mais íntimos, nosso conhecimento interior: aqueles sonhos que foram colocados em nosso coração e que temos muito medo de citar em voz alta, ou até de dizer para nós mesmos. Estou falando deles mesmo. Estou falando de aprender a ouvir o saber interior que o guiará em cada decisão, na sua jornada para a vida de seus sonhos, para seu propósito, todos os dias. É hora de acordar, de se ativar e começar a fazer escolhas e receber a orientação que dê suporte à sua melhor vida. Os dias ignorando seus chamados acabaram. Você está a caminho de se tornar um mestre manifestador. Você precisa acessar sua bússola interior e sair da frente de si mesmo. No capítulo anterior, você revelou para si seu desejo mais profundo. Agora, vá atrás dele.

Bem, Ok: tem mais coisa para ser desempacotada antes. Qual é a intenção por trás desse desejo? Como isso conecta você ao seu propósito de vida único? Como o conecta mais profundamente ao seu coração? Como ele ajuda os outros? E, por fim, quais são os passos para torná-lo sua realidade? No fundo, acredito que você saiba o que é bom para si. Essa é a sabedoria que você aprenderá a seguir para se aproximar da vida que você tem potencial de viver. É aí que a mágica acontece.

O PAPEL DO PROPÓSITO

O propósito é o pré-requisito para manifestar a vida de seus sonhos. Viver em seu propósito é a maneira mais rápida de purificar seu carma. Você começou a compreender a importância de limpar sua mente e resolver obscurecimentos e ilusões mentais. Começou a introduzir práticas que apoiam o despertar de seu coração. E começou a aprender a linguagem do coração e a como captar suas pistas. Como é lindo e poderoso você ter esse discernimento! Essas são suas ferramentas mais importantes; essa é sua sabedoria interior.

Agora é hora de encontrar seu propósito e entregá-lo ao mundo — esse é o coquetel para uma vida cheia de propósito, significativa e apaixonada. Sem propósito, entramos na jornada, mas não sabemos por quê. Temos essas ferramentas lindas e mágicas dentro de nós, mas não sabemos para que propósito fazer uso delas. Estamos atravessando a ponte, mas não temos ideia de por que ou de para onde ela está nos levando. Não podemos ter um verdadeiro despertar sem um saber de corpo inteiro sobre aonde estamos indo e por que.

Em caso de dúvida, aja por curiosidade

A curiosidade é o caminho para o propósito. É crucial tê-la, abrir espaço para ela e segui-la. É mais uma maneira pela qual o coração fala com você. Para onde a curiosidade lhe atrai? Que coisas a fazer naturalmente lhe atraem, sem que nenhuma sensação de obrigação ou pessoa interfira? O que você faz nos dias de folga e que para você é superinteressante? Explorar suas próprias curiosidades é o primeiro passo.

Minha curiosidade me levou ao trabalho de cura. Tudo começou quando eu ainda trabalhava com moda. De forma alguma eu estava alinhado com meu propósito, mas as sementes haviam sido plantadas, e eu tinha um interesse real em processos de cura que me levou a querer aprender sobre coisas espirituais e relacionadas ao bem-estar. Mesmo antes de chegar ao fundo do poço e perder meu negócio, as coisas, exteriormente, pareciam estar indo bem para mim — eu aparentemente era bem-sucedido — mas, por dentro, um sofrimento constantemente me atormentava. Algo sussurrava que eu precisava me curar e que meu trabalho na indústria da moda não era meu caminho para a liberdade. Naquela época, eu usava drogas e bebia, e só agora, levando uma vida sóbria, posso ver claramente que usava drogas e bebidas para suprimir, domar e medicar o profundo sofrimento que eu vivenciava. Eu estava me recuperando de um trauma não processado — todos nós estamos fazendo isso de uma forma ou de outra; parte de ser humano é recuperar-se de traumas não processados —, e drogas e álcool foram as ferramentas que usei para lidar com aquilo de uma maneira inadequada, até que finalmente desabei. Só então, sem ter ideia do que mais fazer, eu me permiti seguir minha curiosidade mais íntima. No fim, aquilo me levou a dedicar minha vida a encontrar ferramentas sustentáveis para me curar.

Seguindo minhas curiosidades, comecei a remodelar meu relacionamento com memórias traumáticas e aprender o que é entrar em contato com meu coração. Lembro-me de que, ao longo de meu tempo na revista de moda, no pouco tempo livre que tinha, eu estava constantemente pesquisando a espiritualidade e religiões do mundo, sempre querendo ir a palestras, eventos e workshops. Estudei Cabala por um tempo. Talvez eu estivesse interessado no assunto em um nível superficial porque a Madonna estava interessada na época, e poderia até aparecer no Kabbalah Center, local onde estudei por pouco tempo. Mas talvez eu tenha estudado porque nutria uma curiosidade genuína. A curiosidade não é aleatória. Acho que nos esquecemos de que as coisas pelas quais temos curiosidade são aquelas que nos libertarão.

Você já percebeu que sua capacidade com aqueles assuntos pelos quais nutre curiosidade é ilimitada? Ao contrário do trabalho que você não ama, que lhe consome e esgota depois de pouco tempo, para as coisas pelas quais você realmente é curioso, parece haver um poço ilimitado de energia que você pode usar. Essa é a magia de tudo. É assim que você sabe que está diante de uma orientação do coração. Seja o que for, isso vem sendo uma verdade para mim.

Depois que saí do modo de colapso e entrei no modo de avanço, passei a seguir minha curiosidade em tempo integral. Isso foi diferente de tudo aquilo com que eu já havia me comprometido. Eu tinha uma enorme quantidade de energia — conseguia fazer retiro após retiro, participar de workshops, ir a palestra após palestra, e nunca me cansava. Tinha uma sede enorme de conhecimento e descobri que aquilo me alimentava plenamente. Como resultado, eu tinha energia ilimitada. E no momento em que fiquei sóbrio consegui ainda mais energia para pesquisar, assistir palestras, ler livros e conversar. Seguir essas paixões foi o que realmente me libertou. Percebi que a curiosidade havia se tornado meu trabalho e que eu poderia fazer o tempo todo aquilo que estava fazendo. Eu não apenas *poderia*, mas *queria* fazê-lo, o tempo todo.

Existe uma lógica nessa magia. O que percebi a respeito de meu propósito de vida é que, quando seguia as coisas pelas quais tinha uma curiosidade inata, eu tinha à disposição uma reposição interna constante, um poço de energia e poder para descobrir mais e continuar construindo e conectando coisas de maneira profunda. Você pode ter essa mesma experiência como estudante ou em seu trabalho. Você está aprendendo e fazendo conexões na mente. Quando conectamos coisas na mente, o cérebro reconhece que há um padrão sendo criado, e a dopamina aparece. Quando a dopamina entra em cena, um coquetel químico de bem-estar é preparado dentro de nós, proporcionando um impulso de energia para nos ajudar a trabalhar em direção ao nosso objetivo. À medida que cumprimos metas, a dopamina aparece novamente. Esse é o modo científico de compreender esse processo de autorrealização. A forma espiritual de entender isso informa que a curiosidade é seu coração pedindo que você o descubra. Que lindo isso, não? Sua curiosidade é uma bela maneira de seu coração falar com você.

Encontrando sua curiosidade (adaptado de Steven Kotler)[1]

Em uma folha de papel ou em seu diário, escreva uma lista de 25 coisas que lhe interessam.

Seja específico. Por exemplo, não basta ter curiosidade sobre, digamos, plantas. Vá mais fundo. O que lhe atrai nas plantas? Se são cogumelos que você acha fascinantes, tente ir ainda mais fundo. Se você pesquisar, por exemplo, descobrirá que cogumelos eram usados para tingir tecidos antes da invenção dos corantes sintéticos. Se são as doenças mentais que deixam você curioso, vá mais fundo. É a depressão em particular? A curiosidade sobre a depressão pode levar você a querer compreender a mente humana. Você começará a aprender essas coisas à medida que se aprofundar em suas curiosidades.

Você precisará gastar um tempo anotando suas curiosidades. Quando terminar, quero que procure e grife os padrões. Perceba onde três ou quatro coisas se juntam e se conectam sob um mesmo guarda-chuva. Como as coisas que lhe interessam se relacionam entre si?

A maioria das pessoas acha difícil identificar 25 coisas, então não tenha pressa e saiba que vai demorar um pouco. Não tenha medo. Faça isso com curiosidade. Tente não compartilhar com ninguém até ter internalizado as curiosidades.

Realização pessoal + ajudar os outros = propósito iluminado

Eu sabia que estava vivendo meu propósito no momento em que percebi que o que realmente me trazia realização era ajudar outras pessoas. O momento em que descobrimos a forma pela qual podemos ajudar os outros ao mesmo tempo em que seguimos nossa paixão e nossa curiosidade é o momento em que a paixão se torna um propósito. Um propósito de vida tem a ver com as coisas sobre as quais você tem curiosidade, sim. Mas sem uma conexão ampla com um bem maior para além de si, falta profundidade às nossas curiosidades.

Suas curiosidades se tornam sua paixão, que se torna seu propósito. Como? Quando você está ajudando os outros.

Eu gostaria de compor uma pequena imagem de como minha curiosidade levou à minha paixão e como comecei a ver sinais de que aquilo que me interessava estava me levando a ajudar outras pessoas. Não rotulei dessa forma naquela época, mas, pensando bem, mesmo quando estava trabalhando com moda, eu me pegava tendo essas conversas espirituais com as pessoas de talento que fotografávamos. Lembro-me de quando estava preparando uma celebridade de grande destaque para a revista. Lembro-me de que naquele dia, enquanto cuidava de seu visual, conversei com ela sobre a condição humana. Mais tarde, aquela celebridade tuitou sobre nossa conversa e fiquei impressionado pelo fato de que o que tínhamos discutido e minhas percepções haviam causado um impacto sobre ela.

Essa foi uma das primeiras mensagens que recebi de meu coração a respeito de minha capacidade de me conectar com as pessoas nos níveis psicológico e espiritual. Esse se tornou meu dom. Quando você começa a compartilhar seus dons, a mágica acontece. Então, por favor, não os guarde para si! Você está perdendo, e o mundo também. Quando comecei a compartilhar e ensinar, recebi um feedback divino: "Ah, certo, estou no caminho correto". Temos de prestar atenção aos sinais internos e externos. Parte disso é o seu poço interior ficando cheio. Você se sente feliz? Preste atenção à maneira como seu corpo responde. Muitas vezes, seu corpo lhe dará sinais, dizendo se está ou não em sintonia. Ouça-o.

Quando comecei a pesquisar minhas curiosidades, encontrei uma linguagem que não fazia parte do vocabulário dos círculos em que eu atuava. Cada vez que eu trazia uma ideia, as pessoas ficavam muito interessadas no que eu estava falando. Mais uma vez, ali estavam as sementes da mensagem que eu acabaria ouvindo em alto e bom som: as pessoas querem ferramentas para se curar, por isso, se você as tem, compartilhe-as. Uma vez que você tenha descoberto o que lhe deixa curioso, é provável que aquilo seja algo que ajude outras pessoas. Esse, meu amor, é o ponto ideal que desejo que você alcance.

Comecei a viajar, a aprender com muitos professores diferentes. Tornei-me uma esponja que absorvia o conhecimento e a sabedoria que pudesse. Eu estava tropeçando, procurando o que fazer depois de dois empreendimentos fracassados, e não sabia o que fazer. Diante da depressão e do trauma que havia evitado durante a vida, enchi meu vazio de sabedoria e tentei aprender o que consegui sobre a condição humana, para começar a me sentir melhor. Com meus estudos e minhas viagens, criei um arsenal de ferramentas. Eu estava em um caminho de cura, e minha vida estava se transformando. Eu estava construindo uma nova vida. De forma natural, o passo seguinte foi compartilhar. Ouvimos isso com frequência: encha seu copo e, então, você poderá ajudar a encher o copo dos outros.

A primeira vez que compartilhei algumas das ferramentas que me ajudaram foi quando eu morava em um centro de retiros. Ao compartilhar, realmente tive um momento de abrir de olhos. Algo me atingiu como: "Uau, eu realmente *fui feito* para isso!". Até então, eu estava preso à crença limitante de que precisava ganhar dinheiro antes de viver meu propósito. Não havia percebido que eu poderia ganhar dinheiro fazendo o que amo, fazendo aquilo que desperta minha curiosidade. Estou continuamente buscando aprender e me desenvolver mais, crescer mais, curar mais. Quanto mais eu transformo meu mundo interno, mais posso ajudar outras pessoas, e quanto mais eu ajudo outras pessoas, mais meu mundo interno se transforma. É um ciclo sustentável muito bonito. Essa é minha missão.

CONECTANDO-SE AO PROPÓSITO E À MISSÃO

Pessoas que vivem com propósito muitas vezes têm um senso de urgência em relação à própria vida. Não se trata de uma perspectiva apressada, mas de uma maior consciência sobre o que precisa ser feito no mundo para que as pessoas sejam felizes e para que todos estejam profundamente conectados com o coração e vivendo seu propósito (sem pressão). Essas pessoas não são complacentes — são suficientemente ferozes para fazer mudanças e estão cansadas de sofrer e de se sentir uma merda. Viver com propósito é viver a visão elevada. Ou estamos vivendo a visão elevada ou não estamos vivendo segundo nenhuma visão.

Viver com propósito é algo diretamente relacionado à consciência de quanto sofrimento existe no mundo. Ao ver esse sofrimento, você se sente inspirado e motivado a servir. Mas quero esclarecer algo realmente importante: não importa o que você faça. Por exemplo, você não precisa fundar uma ONG. Pode fazer esculturas, e se as fizer com a intenção de expressar sua ferocidade, por exemplo, quando alguém olhar para seu trabalho, será um convite para sentir o que você sente. Você pode ser um contador, e se estiver criando planilhas de Excel e inserindo números nelas, mas fazendo tudo com alegria, isso pode libertá-lo tanto quanto a meditação. E quando alguém olhar a planilha que você criou, essa é a mensagem que receberá. Não importa o que você faz; o que importa é que você faça isso com alegria e intenção. Você pode ser barista, editor ou arquiteto. Está colocando amor, alegria e intenção no que está fazendo? Não importa quem você seja, quais recursos tenha ou onde esteja na vida, você pode fazer qualquer coisa, grande ou pequena, com a intenção de ajudar os outros. Isso é o tantra. Isso é usar a vida real para se libertar e libertar os outros.

Encontrando sua missão

Em um pedaço de papel separado, escreva uma lista de quinze coisas que você deseja resolver no mundo.

Tente ser bem detalhista. Você não pode escrever "paz mundial" ou "fome mundial". Precisamos ser mais específicos. Por exemplo, "Quero ajudar a resolver a carência alimentar no Bronx" ou "Quero ajudar os sem-teto de East Village" ou "Quero ajudar viciados em situação de rua".

Quando terminar de escrever, será hora de descobrir como as coisas da sua lista de curiosidades se conectam à sua lista de coisas a resolver.

Quero que você estude e pesquise essas intersecções. Só de fazer esse exercício, você já estará se posicionando mais profundamente em sua maneira poderosa, criativa e bela de se relacionar com seus interesses. Você pode começar a nutrir suas curiosidades a ponto de elas se tornarem sua paixão, e a paixão inspirará seu propósito.

Sua lição de casa é pesquisar suas intersecções durante quinze minutos todos os dias, durante as próximas duas semanas. Tente não compartilhar com ninguém suas listas, esse processo ou suas descobertas, pelo menos por enquanto. Compartilhe somente após o término das duas semanas. Quando abrimos cedo demais algo que nos torna vulnerável, as pessoas que não estão vivendo seus propósitos podem nos desencorajar ou dizer que estamos errados. Às vezes, elas conseguem fazer isso apenas com a linguagem corporal. E essa pessoa pode ser seu melhor amigo, seu pai ou seu amante. Não é intencional. Para as pessoas que não estão vivendo o seu propósito, compartilhá-lo pode ser um gatilho, e as reações delas podem desviá-lo do que você veio fazer aqui. Mantenha suas cartas em sua mão e proteja aquilo que é importante para você, especialmente nos estágios iniciais.

Depois de duas semanas, você pode começar a compartilhar com as pessoas, se sentir vontade, porque até lá você terá entendimento experiencial suficiente de suas descobertas; não será apenas algo intelectual.

O mais bonito é que, quando você perceber que as coisas que lhe interessam podem satisfazê-lo e ajudar os outros, você entenderá que não está apenas se ajudando a ser livre, mas também ajudando todos os outros a serem. Tente se libertar do medo de não conseguir ganhar seu sustento. É um fato desconhecido, mas a ansiedade que ele gera é suficiente para matar até mesmo a semente de um sonho antes que ela tenha tempo de germinar. Acredite que você poderá se sustentar fazendo algo de que gosta e que lhe traz satisfação. Essa crença faz parte da lei natural da abundância que você tem de explorar.

Conectando sua experiência de vida ao seu propósito

Faça uma lista de três coisas que você superou. Para mim, foram o vício, a ansiedade e a depressão.

Então responda às seguintes questões.

1. Como você as superou?
2. O que o ajudou/qual foi o antídoto?
3. Onde você está agora?

Os obstáculos que você enfrentou e superou lhe darão informações sobre qual pode ser sua missão e o impacto que você tem potencial para causar. Reveja suas listas de curiosidades e cruzamentos. Dependendo de seu desafio, talvez sua história o leve a trabalhar com pessoas que têm doenças mentais. Isso será pessoal para você.

Objetivo e fluxo

Então você está fazendo aquilo que desperta sua curiosidade, está complementando isso com aquilo que deseja ver resolvido no mundo, está treinando a mente, descobrindo como quer retribuir, está obtendo acesso à linguagem do coração — essas coisas criam as condições para você acessar o estado de fluxo. O fluxo é um estado mental de alto desempenho em que o *saber* completo assume o controle do pensamento lógico. Você já se surpreendeu enquanto falava em voz alta ou escrevia? Em um momento em que você disse, tipo, "Caramba, vadia, isso foi demais!". Isso é fluxo. Nesse estado, a mente condicionada desaparece, a sabedoria emerge, e há uma imersão completa no que você está fazendo. Geralmente encontramos fluxo quando estamos fazendo algo que para nós tem grande propósito.

O estado de fluxo é um dos estados mais poderosos que podemos alcançar. Do ponto de vista químico, as substâncias neuroquímicas envolvidas em seu estado de fluxo são adrenalina (energia), dopamina (recompensa), endorfinas (prazer) e anandamida (felicidade e pensamento lateral).[2] A anandamida é um neuroquímico menos conhecido que nos ajuda a pensar lateralmente, para além da lógica.

Você pode reconhecer o fluxo pela sua textura. Pode se lembrar de momentos em que esteve tão concentrado que parecia uma experiência extracorpórea. Quando está no fluxo, você não fica com fome, cansado, e a conversa interna desaparece. Algumas pessoas chamam isso de estar "na zona". No budismo, isso é chamado de *samadhi*. O fluxo acontece quando nos tornamos nossa ação, nossa intenção, e há um sentimento de união.

Quando você entra no fluxo, as sincronicidades se tornam mais comuns. Uma correspondência espontânea entre mundo interno e externo acontece, o que ajuda você a se conectar com o universo como um todo. Experimentamos uma expressão de uma parte de nós que já está desperta.

A seguir estão algumas maneiras naturais de entrar no estado de fluxo.

- Transforme sua paixão em seu propósito.
- Pratique esportes de alta performance.
- Medite.
- Faça ioga.
- Assuma riscos sociais (como sair no escuro para conhecer alguém).
- Seja generoso.
- Ajude os outros.

MANIFESTAÇÃO E ABUNDÂNCIA COMO MODO DE VIDA

A palavra "manifestação" é usada com tanta frequência que, mesmo quando a digo em voz alta, geralmente dá uma sensação do tipo "*Ugh*, sei lá", porque dá a impressão de que criar a vida desejada não requer esforço. Requer *sim* bastante esforço inteligente, incluindo a prática de hábitos e rituais de suporte que o libertem o suficiente para você descobrir aquilo que está aqui para fazer, a sua missão. "Manifestar" é simplesmente outra palavra para o trabalho de construir hábitos, pessoas, lugares e coisas que o apoiem em sua vida, para que você possa viver em seu potencial máximo.

Todos nós temos uma missão individual e o poder de manifestar a vida dos sonhos. As filosofias orientais dizem que voltamos para cá para cumprir as missões que não cumprimos em nossa vida passada. Que legal isso, não é? Você também pode ignorar essa ideia, se for muito distante para si, e manter a compreensão de que, nesta vida, você tem uma missão única e uma maneira individual de viver. E esse modo pode ser um convite para que seus conhecidos também despertem dentro de si as próprias missões.

Sendo honesto e me abrindo de uma forma vulnerável, até recentemente, eu não sabia que realmente tinha uma missão. Comecei a trabalhar na indústria da moda porque meus pais tinham uma empresa de roupas no Brasil quando eu era criança, e quando me mudei para Los Angeles, tudo que eu sabia era manipular as roupas de modo que parecesse inspirador para outras pessoas. Mas, no fundo, eu não percebia que estava amarrado a aspectos superficiais da indústria da moda que não me libertavam. Não estou dizendo que a moda é superficial, mas a forma como eu a abordava era. Eu era inseguro e tentava me sentir aceito me vestindo e agindo de determinada maneira. Eu não tinha um sentimento de pertencimento dentro de mim, em meu coração. As necessidades fundamentais de meu coração não estavam sendo suficientemente supridas, então eu procurava supri-las com algo fora de mim. Lembre-se: temos de suprir as necessidades básicas de nosso coração a partir do nosso interior, para não precisarmos de gratificação externa. Só então criaremos um ciclo sustentável de meios inteligentes e benéficos de nos reabastecermos. Isso nos permite avançar cada vez mais para uma vida de abundância.

Só há alguns anos comecei a ganhar a vida fazendo o que amo. Até muito recentemente, eu tinha vergonha e medo em relação ao dinheiro. Por quê? Porque, no fundo, eu não me sentia digno de ganhar dinheiro fazendo o que amava.

Fluxo. Abundância. Essas eram palavras-gatilho para mim até bem recentemente. Abri minha primeira conta-poupança no ano passado e ainda não tenho cartão de crédito. E embora eu esteja ganhando muito dinheiro fazendo o que amo e viajando pelo mundo e compartilhando e ensinando, é um processo constante de descondicionamento de gerações e gerações da mentalidade de escassez à qual eu inconscientemente aderi (discutiremos mais sobre a mentalidade de escassez no Capítulo 8).

Muito provavelmente, estamos familiarizados com a mentalidade de que temos de batalhar para ser feliz, de batalhar para viver os sonhos e de batalhar para manifestar abundância. Não é verdade. A batalha não é necessária. Precisamos remodelar esse padrão de forma para que possamos criar rituais eficientes que nos libertem. Precisamos acordar para o fato de que temos o potencial de criar uma vida de abundância, uma vida de fluxo, uma vida onde podemos viver nossos sonhos todos os dias — uma vida em que estamos em constante estado de admiração e surpresa, e a espontaneidade se torna o padrão para nós. Com que frequência você é espontâneo? Com que frequência você está realmente acessando o fluxo?

Estou falando de um tipo de fluxo ligeiramente diferente agora. Esse tipo de fluxo não é um estado mental, mas um modo de vida. É o oposto da batalha. Esse tipo de fluxo advém de acreditar que você vale a pena. Você tem uma crença básica em si e em seus sonhos, e tem fé de que criará a vida sobre a qual está trabalhando. Essa é a vida em fluxo. É um modo de ser que não apenas dá base à manifestação, mas é a personificação da manifestação. Esse modo de ser não é um desvio espiritual, pois não significa que você não esteja aplicando esforço; significa que você tem uma crença feroz em si como força orientadora, e acredita que coisas boas podem acontecer. Você não tem a menor crença de que aquilo pelo qual está trabalhando pode falhar. E se isso acontecer, você terá as habilidades necessárias para se recompor e se lembrar mais uma vez de que é merecedor.

Isso é algo com que tenho lutado. Quando a conversa sobre dinheiro e abundância se torna real e as oportunidades começam a fluir, surgem os verdadeiros testes. Às vezes, quando você consegue o que pediu, começa o trabalho mais desafiador. Quando você consegue o que deseja, muitas vezes é o momento em que a síndrome do impostor se instala como uma nova forma sorrateira de conversa interna negativa. "Quem diabos você pensa que é?", "Não, não, não, não, *você* não ganha tanto dinheiro assim.", "Você está perdendo a cabeça.", "Você está louco? Você não pode fazer isso!", "Você é uma FRAUDE!". À medida que começar a colher os frutos de seu trabalho árduo, à medida que seus sonhos começarem a se manifestar, você precisará se libertar diariamente dessa merda de síndrome do impostor, porque o crescimento é assustador, mas necessário. Se a síndrome do impostor veio visitá-lo, parabéns: você começou a manifestar a vida de seus sonhos. Ignore essa filha da puta e lembre-se de que você é merecedor. Agradeça pela visita e a conduza pela porta de saída.

Princípios para combater a síndrome do impostor

Aqui estão dezesseis princípios espirituais que tenho usado para afastar a síndrome do impostor quando ela faz suas visitas.

1. **Exclua o impostor com seu diário.** A síndrome do impostor se manifesta frequentemente como um sentimento de não merecimento ou dúvida, ou um sentimento geral de mal-estar. Uma ótima maneira de esclarecer esses sentimentos é redigir a conversa interna negativa que surge e observar como ela realmente é ridícula.
2. **Reconheça suas diversas partes.** Quando somos levados pela ansiedade, é difícil lembrar de que apenas uma parte de nós está experimentando essa emoção. Ao conduzir uma autoinvestigação, você será capaz de desvendar a parte de si que está se sentindo falsa ou nervosa e identificar outras partes que estão entusiasmadas e que se sentem capazes. A ansiedade nunca é nossa única experiência.
3. **Saiba que você não está sozinho.** A síndrome do impostor é uma experiência universal entre os mega bosses. Todos nós a vivenciamos, então, seja bem-vindo ao clube!
4. **Reúna evidências do contrário.** Todos realizaram algo incrível. Faça uma lista de suas realizações, para que você possa se lembrar de que essa sua história de impostor foi inventada.
5. **Entenda como você realmente é visto.** Escreva uma lista de coisas que você aprecia em si. Se estiver com dificuldades para redigir a lista, ligue para um amigo e diga: "Estou com síndrome do impostor. Você pode me dizer as coisas que aprecia em mim?".
6. **Reformule a dúvida como positividade.** Em vez de "Não sei nada", você pode dizer "Eu sei o suficiente" e "Eu sou o suficiente".

7. **Seus sentimentos são reais, mas não verdadeiros.** Embora sua síndrome do impostor possa parecer uma representação verdadeira da realidade, ela não é a realidade. Lembre-se, às vezes nossos sentimentos nos levam a mais abundância e confiança, mas em outras, eles nos empurram para trás.
8. **Faça meditação e práticas de respiração diariamente.** Quando meditamos, criamos espaço entre nossas qualidades inatas e as mentiras que contamos a nós mesmos. E práticas de respiração, em particular a respiração abdominal (Capítulo 4, página 91), podem ser úteis para criar espaço e desacelerar pensamentos acelerados.
9. **Não subestime sua bravura.** Quando você avança, mesmo quando está com medo, sua ação proporciona aos outros permissão para seguir em frente também. Basta dar um passo.
10. **Adote uma abordagem de amor exigente.** Sou conhecido por dizer a mim mesmo coisas como: "Desculpe, querido, você vai morrer um dia de qualquer maneira, então é melhor fazermos o trabalho. O que poderia acontecer de pior?".
11. **Você está sempre mudando.** O fato de as coisas estarem sempre mudando não é opcional; isso está fora do nosso controle. É a direção que você assume que você pode controlar.
12. **Não espere permissão.** Não deixe que as credenciais o impeçam. O sucesso é mais do que um diploma.
13. **Sorria.** Pode fazer uma enorme diferença.
14. **Olhe para fora de si.** Ajudar os outros costuma ser a melhor maneira de sair de uma espiral de pensamentos

negativos. Ajude alguém genuinamente e você sentirá seu crítico interior se aquietar.

15. **Registre interações positivas.** O cérebro tende a se lembrar mais de interações negativas do que de interações positivas — é o nosso viés de negatividade. Para combater esse preconceito, mantenha um arquivo com todas as coisas boas que as pessoas disseram sobre você. Farei capturas de tela de todas as mensagens e comentários legais que tocaram meu coração ao longo dos anos.
16. **Saiba que comparação é a morte.** Pare de se comparar e competir. Essas narrativas irão mantê-lo preso na síndrome do impostor.

Que Você Viva com Facilidade

Quando estamos no estado de fluxo — um estado de tranquilidade —, estamos criando uma vida de manifestação. É simples assim. É mais fácil criar abundância quando há menos luta. Quando há uma sensação de facilidade mental, uma sensação de que a vida o move para a frente. É daí que vem o clichê da nova era de "seguir o fluxo" — essa ideia de que a vida o guiará em direção às pessoas, lugares e coisas que apoiam seu propósito, *se* você tiver uma atitude condizente.

Até que você realmente acredite em si, serão necessários rituais e hábitos diários para tornar esse seu novo padrão. Vamos tentar uma prática agora. Faça uma pausa e repita para si: "Tudo o que posso imaginar pode se tornar minha realidade". Repita isso pelo menos 7 vezes, até 21 vezes.

Você não só precisa acreditar em si para manifestar, mas aquilo que você deseja tem de ter apoio do coração. Lembra-se da coisa de objetivos do coração *versus* objetivos da mente? Certifique-se de que o que você deseja vem do coração, e não de sua mente condicionada, de sua mãe, de sua avó, de sua irmã ou da sociedade.

Aqui está um exercício de visualização que você pode usar de manhã e à noite para dar base a uma mentalidade de abundância. Dessa forma, reforçamos a mudança em nível neurológico e criamos caminhos neurais. Estamos treinando o poder de nossa imaginação para visualizar esse novo estado de abundância.

Visualização de abundância

Acomode-se suavemente em uma posição confortável, sentado em uma cadeira ou deitado, e feche os olhos.

Agora pergunte-se: *O que abundância significa para mim?* Talvez signifique muito dinheiro, amigos amorosos, viagens, aventuras, um corpo saudável e uma mente clara, uma nova casa, uma família, uma comunidade, um trabalho que você ama...

Permita que as respostas cheguem até você e mande embora qualquer autojulgamento que surgir. Você é merecedor de todas as formas de abundância!

Agora visualize-se caminhando por uma floresta, sentindo o Sol entrando por entre as folhas. Você olha para cima para ver a altura das árvores, sente a grama molhada sob seus pés, sente o ar fresco da floresta passando por seus braços e pelo rosto e continua andando até avistar uma clareira. À medida que você se aproxima da clareira e entra nela, quero que você se veja cercado por todas essas formas de abundância, seja lá o que "abundância" signifique para você.

Visualize-se ali com aquelas formas de abundância. Agora vá até cada pessoa e coisa que estiver ali e diga: *Eu sou merecedor de ter você! Esse é o desejo do meu coração, e eu sou digno de você!*

Continue permitindo que as formas de abundância saibam que você é merecedor delas.

Agora repita três vezes: *Da mesma forma que posso imaginar isso, é possível que esta seja minha realidade.*

E lentamente, quando estiver pronto, abra os olhos.

O poder da intenção

Nossas palavras carregam um peso, assim como nossos pensamentos, sentimentos e emoções. Portanto, precisamos ser responsáveis com nossas palavras. Devemos ser claros sobre o poder delas, muito claros a respeito do fato de que, quando falamos, lançamos encantos. Cada palavra que pronunciamos, seja para nós ou em voz alta, está carregada com a intenção que você infunde nela. É importante atentar-se quando diz casualmente palavras absolutas como "nunca" ou "ódio". É importante remover essas palavras do vocabulário. Elas bloqueiam a manifestação. E não são o tipo de intenção que você deve trazer para sua vida. O que promove a intenção positiva é a gratidão. Ter uma prática diária de gratidão e de reconhecimento é uma ótima maneira de aumentar a intenção positiva em sua vida. Você pode começar a praticar sozinho, escrevendo todas as manhãs três coisas pelas quais é grato, ou, melhor ainda, pode fazer disso uma atividade em grupo. Experimente enviar as três coisas pelas quais você é grato a um amigo de confiança todas as manhãs e troque gratidão com ele. Dessa forma, você está criando um efeito cascata de positividade não apenas em sua vida, mas também na de outra pessoa. Eu entro em contato com minha *sangha* (minha comunidade espiritual) diariamente; trocamos mensagens de voz, porque estou constantemente viajando. É uma maneira poderosa de compartilhar boas intenções como prática.

PRÁTICA, PRÁTICA, PRÁTICA

Às vezes você dá dois passos para trás antes de dar um para a frente. Cada dia é diferente. Na verdade, cada momento é uma oportunidade de manter o rumo, de usar uma ferramenta do seu kit de ferramentas atrevido e se manter avançando na direção de seus sonhos.

Nesse caminho chamado vida, todos os dias, você vivenciará momentos em que seus valores serão questionados e enfrentará obstáculos de inúmeras formas. Os obstáculos podem mudar de cara. O obstáculo pode ser seu chefe dizendo que você não está pronto para uma promoção, a incapacidade de seu pai de dizer que lhe ama, um suposto amigo sendo traiçoeiro pelas suas costas. Pode ser enfrentar a rejeição de um parceiro romântico ou em seu trabalho; pode ser falhar em uma entrevista e não conseguir o emprego que você realmente deseja; pode ser acordar se sentindo um lixo sem motivo aparente ou uma espiral de vergonha porque teve uma recaída depois de se sair bem por bastante tempo.

O que esses obstáculos (a vida) têm em comum é que exigem uma resposta. Nada pode acontecer *com você* sem sua permissão. Coisas acontecem o tempo todo. Mas elas acontecem quando você as deixa entrar, reage e se deixa levar pela dor da reação. Quando os obstáculos da vida surgem, é possível deixá-los acontecer sem se envolver emocionalmente? É possível responder de forma saudável sem deixar que a dor volte a comandar o show?

Vamos conferir os exemplos a seguir e examinar as diferentes respostas.

> **Obstáculo ao progresso:** seu gerente diz que você não está pronto para a promoção.
> Resposta humilhada: não sou bom o suficiente.
> Resposta de mega boss: Isso não é um reflexo do meu potencial, é apenas onde estou agora. Eu não vou desistir. Estou aberto a feedback e crescimento.

Obstáculo ao progresso: seu pai não diz "eu te amo".
Resposta humilhada: não sou merecedor de amor. (Desce na espiral interminável da falta de amor.)
Resposta de mega boss: Isso é uma merda do meu pai, que ele tem de resolver. Mesmo estando magoado, sou grato por saber como demonstrar amor.

Obstáculo ao progresso: um amigo olha para você de cima a baixo e pergunta: "Tem certeza de que você quer usar isso?".
Resposta humilhada: sou feio/mau/não sou bom o suficiente.
Resposta de mega boss: Sinto-me poderoso e confiante. Os julgamentos das pessoas geralmente têm mais a ver com elas do que comigo.

Meu objetivo é dar a você tantas ferramentas diferentes, de tantas maneiras diferentes, que você finalmente entenderá que é merecedor, de modo que finalmente acredite em si (com intenção) e que não seja mais bloqueado por fatos da vida. Quero que você seja resistente quando a vida acontecer, porque ela acontecerá todos os dias. Sua mente destreinada não vai parar de tentar induzi-lo a acreditar em suas histórias, pessoas não vão parar de ser idiotas e provocar você. Trata-se de escolher a liberdade. Repetidamente, a cada dia.

Prática rápida do espelho

Olhe-se no espelho o tempo que for necessário para você se sentir suavizado diante de seus olhos. Deixe que quaisquer falhas percebidas que você acha que tem sejam suavizadas.

Envie amor para todas as partes de si.

De momento a momento

Se você estiver se movendo adiante, estará se libertando. Um de meus professores disse que há 65 momentos em cada estalar de dedos. A cada momento em que estamos acordados, temos a oportunidade de cumprir nossa missão e nossos sonhos. É apenas uma questão de escolha, uma questão de compromisso e de dar pequenos passos na direção certa. Não se preocupe em acertar. Não se preocupe com o tempo correto. Cada momento de vigília é uma oportunidade para a iluminação completa. Comece com cinco minutos. Na verdade, tudo se resume a um compromisso diário com sua liberdade.

Cada momento de cada dia tem o poder de aproximar você da vida que deseja e merece. Por quê? Porque cada dia é cheio de escolhas. Você escolhe seguir na direção do Você de seus sonhos ou do Você de seu passado? Devemos ver cada momento como uma escolha entre escolher Você ou escolher o medo. Escolha crescer ou escolha ficar preso. Realmente, depende só de você. A beleza de ser humano é que cada dia é uma oportunidade de crescer.

Então, sim, existem 65 oportunidades em cada estalar de dedos, mas não se deixe ficar sobrecarregado por isso; apenas diga: "Uau!" Submeta-se à maravilha da vida. Veja quanto potencial existe no mundo e no seu dia para você sair do show de merda e entrar na vida poderosa que está aqui para criar. A vida não tem ensaio; agora é a hora de subir no palco.

7

Desperte seu atrevimento interior

Passo 5: Dê um nome ao seu superpoder

Assim como seu propósito e sua missão, seus dons únicos (superpoderes inatos) não serão como os de qualquer outra pessoa. Conforme você vem aprendendo, aquilo que deseja curar no mundo e aquilo pelo que tem curiosidade são dados exclusivos seus, e a forma como você junta tudo isso se torna o seu caminho. Mas há mais uma peça. Todos nós temos dons especiais para compartilhar com o mundo. Sou professor; encontrei o amor e o dom de compartilhar sabedoria e ajudar o maior número de pessoas possível a encontrar um caminho para a cura. Outro superpoder de meu molho especial é o atrevimento. É por isso que o livro se chama *Espiritualmente atrevido*. É o meu superpoder conquistado a duras penas, de ser total e completamente eu mesmo nas coisas super-extra que quero compartilhar com você para que possa se fortalecer e ser Você no seu sentido mais verdadeiro, usando tudo de você em sua jornada. Meu atrevimento nem sempre foi algo que eu amava. Durante muito tempo, estive no armário e senti vergonha, tentando ser o menor possível em muitas áreas, mas agora isso é algo em que encontro poder. Frequentemente, aquilo que inicialmente nos causa a maior dor é aquilo que, uma vez reformulado, mais precisamos compartilhar com o mundo. Neste capítulo, descobriremos qual é o seu. Provavelmente você já tem uma boa ideia sobre isso, mas talvez o medo de ser real e profundo o leve a ter medo de mostrar ao mundo suas cores brilhantes. Trabalharemos com tudo isso. As pessoas que se ajustem. Se você brilhar muito, elas podem usar óculos escuros. Não é problema seu.

TORNANDO-SE UM SUPER-HERÓI ESPIRITUAL

E se realmente entrássemos nesta vida com um contrato cármico e parte desse contrato fosse descobrir como limpar as ilusões mentais, descobrir nosso superpoder e criar a partir dele? E se esse fosse nosso propósito? E se *usar* seu superpoder, trazê-lo para o primeiro plano, fosse o propósito desta volta aqui na Terra? E se você simplesmente não consegue se lembrar de ter assinado esse contrato cármico? Por um momento, vamos brincar com a ideia de que você realmente fez isso e está se recordando pela primeira vez daquilo que assinou.

O conceito de *Espiritualmente atrevido* surgiu nos primeiros dias em meu caminho espiritual, quando percebi que estava imitando pessoas "ultraespirituais". É engraçado olhar para trás e ver isso agora. As pessoas que eu tentava imitar estavam fazendo o melhor que podiam, presas nos próprios padrões mentais, resolvendo os próprios carmas e suas peculiaridades, e eu as estava colocando em um pedestal. Elas foram meu modelo de como uma pessoa espiritualizada agia, soava e parecia ser.

Eu não estava vendo claramente. À medida que me aprofundei nos estudos, viajei e vi outros exemplos do que poderia ser "espiritualizado" no mundo, descobri mestres, professores e santos vivos na Índia e no Nepal que eram muito diferentes dos outros professores que eu conhecia. Eles eram... atrevidos, cheios de vida e ousados.

Então o que quero dizer com "espiritualmente atrevido" como um superpoder? Primeiro, acredito que nos desenvolvermos espiritualmente e ajudar os outros a fazer o mesmo é o propósito da vida humana.

Seja qual for o caminho que você decida seguir, a espiritualidade consiste em perceber que os obscurecimentos da mente estão nos mantendo afastados do coração. Para todos, a trilha é limpar as coisas que estão no caminho para o coração, a essência. "Atrevimento" é um convite para viver com ousadia, ostentação, visão elevada e poder total! Mas não termina aqui: devemos doar essas ferramentas, compartilhar! Isso é fundamental.

Ser espiritualmente atrevido não é apenas algo que faço por mim; ser espiritualmente atrevido também significa beneficiar os outros. Até agora, você já percebeu que, ao mergulhar profundamente no próprio caminho espiritual, está ajudando outras pessoas a fazerem o mesmo. Você fará isso de uma maneira tão autêntica e única que outras pessoas perceberão os próprios superpoderes e dons apenas por verem alguém vivendo plenamente seu currículo espiritualmente atrevido. De que adianta perceber que temos uma fonte inesgotável de possibilidades dentro de nós, adormecida, e não a colocar em uso? Essa luz de arco-íris extremamente radiante, o coração, cheio de coragem, possibilidade, potencial, recursos infinitos, primeiro precisa ser encontrada por você e depois deve ser compartilhada com o mundo. De que adianta saber que ela está lá e guardá-la para si? Não há graça nisso.

Ser espiritualmente atrevido significa perceber que estamos programados para nos unir, para nos conectar e que, *por meio* da conexão, passamos para o próximo nível. O caminho espiritualmente atrevido não é o caminho asceta para a iluminação, mas sim o caminho tântrico para a iluminação. Isso significa que ele faz uso de tudo o que temos dentro de nós e tudo o que a vida tem a oferecer para nos tornarmos livres.

Nomeie seu poder

Quando falo em superpoderes, refiro-me a talentos ou dons. No entanto, essas palavras são um velho paradigma. Vamos remodelar isso. O novo paradigma é sobre superpoderes. Temos superpoderes! Pronto, eu disse. A verdade é que nosso condicionamento limitou nossas capacidades sobre-humanas. Portanto, quando usamos palavras como *superpoder*, isso nos ajuda a nos lembrar de que, de fato, temos habilidades, capacidades e potencial sobre-humanos.

Superpoder. Dom. Talento. Existem muitos nomes para isso de que estou falando. Lembra-se de quando pedi para você conversar com seu propósito? Tipo, "Ei, propósito, o que você quer que eu faça?". A maneira como o propósito responde é por meio de seus talentos naturais.

O propósito e os superpoderes andam de mãos dadas, pois os superpoderes nos ajudam a viver o propósito. O primeiro sinal de que o propósito está tentando lhe encontrar é que você se sente preso. Você sente que está vivendo o mesmo filme continuamente, por meio de rotinas diárias e padrões psicológicos repetitivos. Quando a repetição se torna excessiva e você diz a si: "Quero espontaneidade, quero aventura, quero mudança", e então se sente inspirado a buscar isso, é porque está ativando seu propósito e seus superpoderes. Essa atração, essa voz, esse é o propósito e o seu super-herói interior dizendo: "Ei, garota. Venha". Quando nossos dias se tornam repetitivos, começamos a sentir falta do tempero da vida. Às vezes, o propósito sussurra para você até em sonhos.

A definição de propósito é usar seu superpoder. O objetivo é que, quando está em contato com seu superpoder, você reabastece seus recursos internos, vivendo com o coração, conectado a um poço interior de alegria, clareza, compaixão e sabedoria. Portanto, seu padrão é... feliz. Depois de começar a exercer seus superpoderes, você deseja que outras pessoas também tenham essa experiência. Todos têm a oportunidade de exercer os próprios superpoderes —

suas habilidades, capacidades e seu potencial únicos. Superpoderes combinados com propósito permitem que você aja não apenas por si, mas pelo coletivo.

Como tudo o que tem a ver com o coração, os superpoderes geralmente ficam ocultos. Muitas vezes, temos de cavar fundo em nós mesmos ou passar por um grande crescimento para experimentá-los, e mais ainda para ter a coragem de compartilhá-los. Mas o coração está esperando que você o encontre. Será seu Trabalho fazer isso.

SAINDO DA ZONA DE CONFORTO

O crescimento é lindo quando está cumprido e você está na ponta final, mas não é tão divertido quanto você o vivencia. Você experimenta as dores crescentes de passar de um antigo eu para um novo, e elas machucam. Junto com os gatilhos e medos que podem surgir, bem como a solidão de tentar descobrir onde se encaixa, todos os tipos de coisas dolorosas podem acontecer quando você está crescendo. Você se sente desconfortável com tudo no processo.

Imagine que existem três círculos sobrepostos: a zona de conforto, a zona de crescimento e a zona esmagadora.

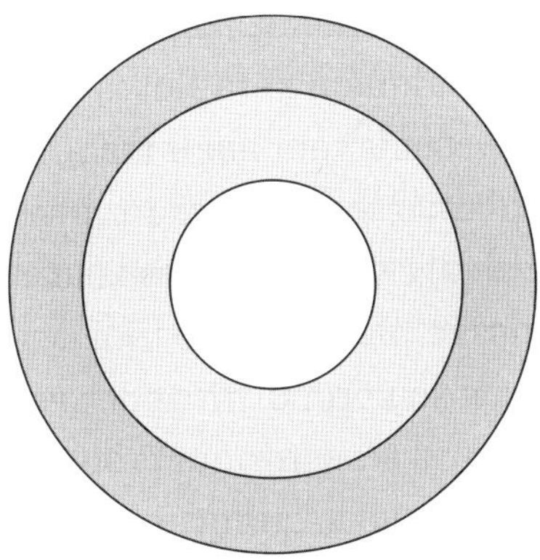

A zona de conforto é o círculo interno,
o círculo fora da zona de conforto é a zona de crescimento,
e fora disso está a zona esmagadora.

Embora o crescimento e a mudança sejam leis naturais, por vezes precisamos de encorajamento, especialmente quando nos sentimos paralisados. Certamente não será uma alegria sair da sua zona de conforto, entrar na zona de crescimento e seguir para a zona esmagadora, tudo de uma vez. O que parece esmagador agora pode ser resultado de seu condicionamento específico. Precisamos sair da zona de conforto para a zona de crescimento e dar apenas alguns passos para a zona esmagadora todos os dias, a fim de expandir tanto as zonas de conforto e crescimento a ponto de a zona esmagadora encolher. Do ponto de vista psicológico, isso é chamado de terapia de exposição. Basicamente, para seguir em frente, precisamos fazer todos os dias pequenas coisas que nos assustam, para ganhar coragem e nos preparar para a vida que desejamos.

É importante mencionar, enquanto falamos de sonhos, abundância e tudo o mais, que nossa missão na vida não será fácil. Às vezes, o superpoder brotará de uma experiência muito dolorosa ou traumática. Mas, nesse caso, sua resiliência, a beleza que você criou a partir dela, será seu superpoder, e você deverá ajudar outros a passarem por experiências semelhantes. Isso significa que, devido à sua missão, você pode frequentemente se ver rodeado de pessoas que estão em circunstâncias muito desafiadoras. Não quero que pense que a missão de visão elevada de alguém será flores e brilho do Sol o tempo todo. Não, muitos estão transitando por traumas e emoções difíceis; muitos estarão guardando espaço para outros experimentando a mesma coisa. Não sei qual é sua missão específica ou seu superpoder. Só você sabe. Sua missão pode ganhar vida a partir de um trauma pelo qual você passou, e seu propósito pode ser compartilhar as ferramentas que o ajudaram a transformar esse trauma. Não se preocupe se você não tiver se curado do que quer que tenha lhe acontecido; a cura está em andamento. A questão é que, seja o que for que o ajudou a ter uma ponta de insight, você precisa compartilhar. O propósito não parece o mesmo para todos. Precisamos saber que nossa missão não será fácil. Às vezes, a missão é bem desafiadora, e está tudo bem com isso também.

Quando você começar a ter clareza sobre o que está destinado a fazer, saberá que é hora de sair da sua zona de conforto aos poucos. A ideia é que a zona de crescimento seja exatamente isto: crescimento. É aqui que somos desafiados, onde aprendemos. A zona esmagadora é onde você está realmente se esticando. É justificadamente assustador ali porque você é testado, e espera-se que você caminhe de um jeito que nunca caminhou. Aos poucos, você pode começar a dominar essa zona e se sentir mais confortável quando ela se apresentar.

Visitei recentemente a zona esmagadora. Estava no Nepal e tive a oportunidade de visitar uma caverna antiga cercada por muitas tradições místicas. A caverna era extremamente perigosa de entrar e ainda mais perigosa de se explorar, exigindo movimentos de Homem-Aranha para você não cair no fundo e morrer. Para mim, aquilo personificava a zona avassaladora. Eu escolhi fazer algo que me assustava. Estava disposto a correr riscos para crescer. Sabia que aquela caverna tinha algo a me oferecer e, de fato, tive uma experiência mística enquanto estive lá. Era fisicamente perigoso, sim, mas também emocionalmente perigoso. Quanto mais fundo eu ia, mais sentimentos surgiam. Coisas antigas que pensei ter resolvido. Tudo começou a dançar ao mesmo tempo — inseguranças, sentimentos profundos de mágoa e arrependimento, síndrome do impostor, autoaversão e vergonha. Reencontrei essas minhas partes feias, uma por uma, e tive a oportunidade de descobrir um novo nível de consciência ampla e de compaixão mais profunda para estar com esses sentimentos, deixá-los passar e não me tornar eles, sem que eles me deixassem qualquer resíduo psicológico restante. Isso era o que a caverna tinha para me oferecer. A experiência não é algo que eu possa recriar; o significativo é que eu entrei nela quando surgiu a oportunidade certa. À medida que você continuar a se desenvolver, saberá quando for hora de entrar na zona esmagadora e experimentar o crescimento que está lá para você. Penso que é como se pegássemos um cortador de grama espiritual para atacar ervas daninhas cármicas prejudiciais que começaram a brotar sem seu conhecimento e a despeito do trabalho que você já venha fazendo. Cada dia lhe oferecerá sua versão de uma antiga caverna mística no Nepal, e você terá a oportunidade de adentrá-la ou ficar onde está. Você está disposto a crescer? Está disposto a entrar lá?

Isso não significa que você não consiga encontrar seu propósito na zona de conforto, mas que não será capaz de vivê-lo plenamente lá. Naquele dia na caverna, um amigo decidiu não entrar; tudo bem, essa foi a escolha dele. Naquele momento, ele precisava ficar na zona de conforto, onde já havia crescimento suficiente para ele. Mas acredito firmemente que, no quadro geral, precisamos sair de nossa zona de conforto, para a zona de crescimento e, depois, para a zona esmagadora, a fim de realmente vivermos nosso propósito.

Quando digo que você pode encontrar o propósito na zona de conforto, é porque isso pode estar bem na sua frente. Você pode simplesmente não ter procurado com suficiente atenção. Precisamos experimentar muitas coisas diferentes para passar de amadores a mestres. Como? *Fazendo* coisas diferentes, não ao mesmo tempo, mas estabelecendo alguns prazos: "Vou tentar isso, depois aquilo". Siga passo a passo, até que a atividade paralela se torne a atividade principal. É nesse processo de tentar coisas novas, incluindo as que nos assustam, que somos continuamente derrubados e eventualmente fracassamos. Finalmente, saltamos para a frente, não para trás. Testando nosso material e saindo regularmente da zona de conforto para a zona de crescimento e depois para a zona de esmagamento, acabamos conhecendo nosso propósito e aplicamos de verdade nossos dons, nossos superpoderes.

Conforme você dá esses pequenos passos, é importante fazer uma autochecagem. No final de cada dia, pergunte-se o seguinte:

- O que aprendi hoje ao passar da zona de conforto para a zona de crescimento?
- O que aprendi hoje ao passar da zona de crescimento para a zona esmagadora?
- O que está me ajudando a seguir em frente?

Precisaremos tropeçar e falhar diversas vezes enquanto testamos nosso material — conforme seguimos nossa curiosidade e ativamos nosso superpoder — aí pelo mundo, não apenas em uma caverna sagrada no Nepal, mas em sua vida real. Quando testamos nosso material, descobrimos o que devemos compartilhar. É importante lembrar que seu superpoder pode estar escondido sob suas feridas. Por exemplo, uma de minhas feridas foi ter magoado outras pessoas e a mim mesmo, sem ter encontrado perdão. A falta de perdão foi o que me levou a começar a aprender sobre compaixão, treinar minha mente, viajar e aprender tanto sobre perdão que ficou óbvio que aquilo era meu caminho e parte de meu superpoder como professor: mostrar às pessoas como fazer o mesmo por si mesmas.

Ao sair da caverna, escorreguei, e foi quase bem ruim. Nosso guia me agarrou bem a tempo, e, com as pontas dos dedos, me esforcei para segurar sua mão. Esta é mais uma metáfora para a vida. Escorregar, cair e falhar fazem parte da jornada. Não há movimento sem essas coisas, não há crescimento. Quando finalmente saí da caverna, intacto, experimentei um sentimento tão profundo de gratidão pela vida, uma imagem tão imaculada de meu propósito pessoal, que, juro, todo o universo estava ali envolvido. O crepúsculo se aproximava e a primeira coisa que vi ao emergir foi a lua cheia gigante e redonda nascendo. O guia me ajudou, colocou um lenço dourado em meu pescoço e sussurrou mantras sagrados em meu ouvido. Aqueles que testemunharam disseram que havia pássaros voando em círculo ao nosso redor. Senti como se tivesse sido transferido para o próximo estágio de libertação e vivi uma renovação da paixão por compartilhar meus aprendizados com o mundo.

Estou compartilhando essa história não porque você precise ir ao Nepal e ter exatamente a mesma experiência (você não precisa!), mas porque essa experiência é uma metáfora muito poderosa para a ideia de zona de conforto/zona de crescimento/zona esmagadora e uma lição sobre o que pode acontecer quando você permite, quando você está disposto, quando você entra ali. Experiências místicas, mensagens espirituais e lições da zona opressora esperam por você na vida em que você está agora.

Se você estiver na sua zona de conforto, poderá sentir algum tipo de felicidade. Isso porque evitar riscos é agradável, confortável... até que não seja mais, até que se sinta preso ou paralisado, até que sua vida fique paralisada. Você pode encontrar alegria temporária por meio do conforto porque evitou correr um risco e pode ficar um pouco mais sob a proteção de seu cobertor de segurança. Talvez você tenha dito não a algo que estava na zona de crescimento e ficado feliz por permanecer na zona de conforto, mas o fato é que permanecer nesse lugar não leva à felicidade sustentável.

Precisamos parar de ficar presos à paralisia da análise, ao pensar demais e ao exame excessivo. Basta seguir a faísca. Se ainda houver uma centelha sobre algo que você deseje fazer, pare de se conter. Apenas comece. Saiba que o medo é a resposta natural à saída e que logo esse sentimento diminuirá. Essa é a beleza do crescimento.

Explorar o que realmente importa para você — seus valores — é essencial para ajudá-lo a escolher as coisas pelas quais vale a pena sair de sua zona de conforto.

Aquilo que realmente importa

Quando os valores não estão alinhados com o que você está fazendo, isso perpetua o sofrimento. O que é importante para você? Você sabe como responder a isso? Provavelmente demorará um pouco para você responder a essa pergunta e lembrar o que é mais importante para si. O próximo passo é olhar para a vida e as ações diárias. O que está alinhado com aquilo que lhe interessa e o que o faz andar em círculos perseguindo coisas, pessoas, lugares que realmente não lhe importam? Quando não conhecemos nossos valores, perdemos tempo e energia. Saber o que valoriza pode ajudá-lo a tomar decisões no dia a dia. Pode até ajudar a definir limites. Você pode dizer "não" ou "sim" com intenção, dependendo de se a pessoa, o lugar ou a coisa estiver alinhada com seu sistema de valores interno. Fazer escolhas se torna algo tão fácil quanto perguntar a si: "Isso está me libertando ou me mantendo preso? Isso está de acordo com o que realmente me importa e para onde estou indo?".

Identificar seus valores é extremamente importante. Comecei a pensar seriamente em meus valores em 2014. Antes disso, eu estava flanando, trabalhando com moda e não me preocupava com a linguagem do meu coração ou com o que era importante para mim mais profundamente. O que eu achava que importava para mim naquela época era fama e riqueza. Não parei para pensar que aqueles valores não me levariam à felicidade sustentável. Ao contrário. Eu estava infeliz, mas estava tão fora de sintonia comigo mesmo que permanecia insensível à minha própria tristeza. É fascinante notar, quando você começa a aprender sobre valores, como tantas coisas estão desalinhadas. Na verdade, isso torna mais fácil para nos concentrarmos no que é importante.

A sua vida na Terra pode ser muito mais fácil quando você reconhece seus valores e depois faz planos e toma decisões que os honram, os apoiam. É disso que estamos tratando. Os valores são uma ferramenta de apoio para ajudar a dar uma base sólida à vida dos seus sonhos. Talvez você viva como se valorizasse ganhar muito dinheiro, ter uma casa e trabalhar em um ambiente corporativo, quando, na verdade, você valoriza estar na natureza, construir uma família e exercitar as habilidades artísticas. Muitos de nós estão em conflito consigo. Nós experimentamos vidas socialmente aceitáveis que, na realidade, não queremos ou valorizamos. Quando sua vida cotidiana entrar em conflito com seus valores, chegará um momento em que você simplesmente não aguentará mais e explodirá. Talvez já tenha chegado a esse ponto, e é por isso que escolheu este livro.

Isso é o que estamos tentando criar — medicina preventiva e holística — para dar base aos seus valores internos, para que você possa criar felicidade sustentável. Quando você esclarece quais são seus valores, esclarece a forma como pode usá-los para tomar decisões que apoiem uma vida feliz e sustentável. O desejo por dinheiro é um dos grandes, que vejo com frequência. Corremos atrás de dinheiro, e isso nos deixa loucos, mas quando olhamos para dentro, ganhar muito dinheiro não é o que a vida nos pede. No entanto, gastamos nossa preciosa energia tentando obter mais dinheiro, enquanto não atendemos aos anseios do coração. Ei, garota, eu estive nessa por muito tempo. Fiquei preso naquela narrativa de caça ao dinheiro, que vem de uma mentalidade de escassez. Mas nossos verdadeiros valores exploram uma riqueza interior que nada tem a ver com riqueza material.

Uma pergunta que faço frequentemente aos meus alunos é: "Qual é sua definição de felicidade?". Fomos condicionados a pensar na felicidade por meio dos traumas não resolvidos e dos sistemas de crenças não trabalhados de outras pessoas, mediante a publicidade e tudo o que a sociedade nos diz para valorizar. Não reservamos tempo para considerar essa questão, ou mesmo para fazê-la uma vez que seja.

Assim como ficamos confusos sobre os objetivos da mente *versus* os do coração, também fomos mal informados sobre valores. Muitos de nós crescem pensando que valorizamos os bens materiais, quando, na realidade, descobrimos, depois de perseguir essas coisas por muitos anos, que elas não significam muito no fim das contas. Nunca ninguém disse: "Meu dinheiro e minha beleza me deixam muito feliz". Então, com o que você realmente se importa?

Reserve um momento para realmente refletir sobre essa questão. Durante quinze minutos, escreva livremente sobre as duas questões a seguir.

1. O que lhe faz feliz?
2. Qual é sua definição de felicidade?

Quando terminar, leia as respostas para si. Elas estão alinhadas? O que faz você feliz corresponde à sua definição de felicidade?

Se você acredita que seu propósito é riqueza e poder, isso é um sinal de que você está sendo guiado por sua mente condicionada. A felicidade vem do que você faz todos os dias em alinhamento com seus valores internos, das pequenas escolhas que você faz a cada momento, não apenas em relação a dinheiro ou status. É simples assim. Então, quando você se sente guiado por esses ideais, pode ter certeza de que é sinal de que há um desequilíbrio.

Experimentar uma vida de alta visão é se alinhar com seus valores. Quando está alinhado com seus valores, você se sente atraído por coisas diferentes — coisas que *você* realmente deseja, não aquelas que a sociedade diz que você deveria ter. Dessa forma, sua missão e seu propósito, as pessoas que você precisa conhecer, as oportunidades que precisa receber lhe encontram. Quando sua missão corresponde aos seus valores e está alinhada com o coração, você estará vivendo com visão elevada. Se meus valores são diversão, serviço, altruísmo, conexão, comunidade e gentileza, e todos os dias faço um esforço para sair e fazer coisas que me alinhem com esses valores, então estou vivendo com propósito. Faça um esforço todos os dias para regar as sementes que nutrem a vida desejada. Todos os dias, ouça a sua parte desperta. Todos os dias, trabalhe para descobrir sua essência.

A coisa linda e mágica que quero que você entenda é que, quando você vive dessa maneira, convida todos com quem entra em contato a acreditar que há algo especial neles também. Quando você vive em alinhamento, envia uma mensagem a todos ao seu redor. É algo muito poderoso. Às vezes, causar impacto é algo tão simples quanto fazer de sua vida um exemplo e uma inspiração para outras pessoas. Você já se sentiu inspirado a mudar sua vida, seu dia, sua vibração por causa de alguém que encontrou? Acredite em mim, você será isso para alguém. Você provavelmente já é.

Esclarecendo valores

Circule os valores que você deseja cultivar. Sinta-se à vontade para escrever os valores que não encontrar nesta lista.

maneiras	paciência	verdade
bondade	consideração	saúde
concentração	criatividade	amizade
cooperação	utilidade	positividade
honestidade	perdão	administração global
responsabilidade	autoaceitação	determinação
generosidade	lealdade	independência
autodisciplina	justiça	compaixão
cidadania ativa	perseverança	gratidão
confiança	tolerância	justiça
coragem	contentamento	reflexão
serviço	respeito	________________
________________	________________	________________

O PAPEL DA ALEGRIA

Alegria é crucial. Pode parecer que fazer o Trabalho é uma questão de disciplina, e não de diversão, mas isso é mentira. Alegria é uma das chaves para se viver com visão elevada. A vida de visão elevada é aquela cuja linha de base é mais alegre, mais criativa e não mais baseada em altos ou baixos extremos. Uma vida com visão elevada é aquela que aceita que às vezes podemos cair, mas, quando o fizermos, cairemos para a frente. Uma vida com visão elevada é uma vida com propósito. Quando estamos prontos para retribuir ao mundo, quando estamos prontos para viver com propósito, a alegria se torna presente no processo, porque é uma jornada para toda a vida. Como mencionei, sua missão pode ser dolorosa, mas mesmo nisso pode haver alegria. Muitas das etapas de purificação pelas quais estou lhe conduzindo neste livro não serão divertidas, mas alegria é diferente de diversão. A alegria é a base. Quando você está vivendo seus valores, seu propósito, sua missão, a alegria é inevitável.

Você tem uma atitude brincalhona? Você consegue rir de si mesmo? É assim que a alegria pode estar presente, mesmo em tempos difíceis. O brincar, o riso, a dança, o cantar são expressões alegres do despertar. Se você está se permitindo ser engraçado, ser bobo, saiba que esse é um meio de despertar. Não estou falando sobre mascarar sentimentos e desviar das emoções pelo humor ou pelo sarcasmo. Estou falando de fazer o Trabalho e deixar a alegria emergir, deixar o atrevimento emergir.

Quando estamos dançando, estamos em êxtase. Para mim, a dança é a expressão do coração brilhando. A nova espiritualidade é assim: alegre, crua, lúdica, criativa, risonha, dançante. É assim que trazemos beleza ao mundo. Podemos embelezá-lo com um sorriso, uma dança, uma risada.

Questionário da felicidade

Termine as frases a seguir — elas apontarão seu dom, seu propósito e sua missão.

Sinto-me mais vivo quando estou ______________________________

____

A felicidade é como ______________________________

Sinto-me mais conectado quando estou ______________________

____

Sinto-me mais alinhado com meu sonho quando estou ________

____

Sinto-me mais seguro quando estou __________________________

____

Sinto-me mais vivo quando estou com ________________________

____

Alinhamento é como ______________________________

Estou fazendo o que é mais importante para mim quando estou

____

Estou conectado ao meu propósito de vida quando estou ______

____

Sinto-me no meu melhor quando estou ________________________

____

Propósito é como ______________________________

Sinto-me conectado ao meu coração quando estou __________

____

Sinto-me fluindo ao máximo quando estou _________________

____

O fluxo é como ______________________________

Quando estou no meu poder, estou fazendo isto: ______________

____

Sinto-me mais apaixonado quando estou ___________________

____

Paixão é como ______________________________

Quando estou compartilhando meus dons, estou fazendo o seguinte: ______________________________

USANDO SEUS SUPERPODERES

Usar seus dons é a coisa mais importante. Foi isso o que você veio fazer aqui! É a prioridade máxima. Como pode ver, o propósito está conectado e depende de muitos fatores — primeiro você deve despertar o suficiente para desenvolver uma conexão com o coração, você deve experimentar uma vida de valor, deve retribuir e compartilhar. Mas o que e como você deve compartilhar isso? Há um custo por não compartilhar seus dons? Sim. E se você tiver de voltar aqui e fazer tudo de novo se não compartilhar o que tem nesta vida?

Vamos olhar para isso pelas lentes do amor. O amor é melhor quando demonstrado, quando expresso. Você não pode estudar o amor. O amor não é teoria. O amor só é útil quando demonstrado, quando colocado em prática, para o benefício dos outros. O mesmo se aplica aos seus superpoderes: eles devem ser compartilhados para serem plenamente realizados. Não compartilhar é não avançar. Não compartilhar é ficar preso, ficar na zona de conforto. Também não estamos partilhando quando intelectualizamos o que temos para oferecer, intelectualizamos o crescimento espiritual, intelectualizamos nossa vida, em vez de agir: adentrar o desconhecido, aprender, fazer e partilhar.

Todo mundo tem um conjunto específico de pontos fortes. Às vezes, estão relacionados à sua ferida. Você supera uma ferida e se cura, e geralmente é o processo de cura que contribui para seu superpoder. Para mim, meu ponto forte vem sendo a comunicação. Quando conecto essa força à minha ferida anterior (falta de perdão), isso me leva ao dom de me comunicar com compaixão e ajudar os outros a se curar usando as ferramentas que me ajudaram. Talvez alguém que tenha superado uma relação disfuncional com a comida tenha se tornado um nutricionista holístico. Alguém que perdeu um dos pais devido ao câncer pode se tornar um cientista focado na pesquisa sobre o câncer. Talvez alguém que buscou uma comunidade durante toda a vida tenha se tornado dono de um café para construir uma comunidade. Descubra sua força e a conecte à sua ferida, e isso o direcionará a um propósito. É nesse cruzamento que mora seu superpoder.

Também podemos olhar para os pontos fortes de outra maneira. O que você percebe como sua fraqueza pode, na verdade, ser sua força. Por exemplo, se você foi condicionado durante toda a vida e lhe disseram que "não é bom o suficiente" de alguma forma, então talvez você não tenha tido a oportunidade de nutrir essa parte de si. Você pode descobrir que esse mesmo aspecto de si é sua maior força.

Anteriormente neste capítulo, você preencheu as lacunas de algumas questões relacionadas à felicidade; agora quero levar a ideia um passo adiante e focar seu superpoder. Preencha os espaços em branco a seguir.

Questionário do superpoder

Sinto-me sábio quando ______________________________

Sinto-me alinhado quando ______________________________

Sou naturalmente bom em ______________________________

Certos feedbacks consistentes que recebo de pessoas mais próximas de mim são ______________________________

Sou bom em ______________________________

As pessoas me dizem que sou bom em ______________________________
____

Sinto-me no meu campo quando estou ______________________________
____

Sinto que estou oferecendo algo de valor quando estou ______________________________

Sinto-me mais natural quando estou ______________________________
____

Sinto-me mais eu quando estou ______________________________

Sinto que estou realmente ajudando alguém quando estou ______________________________

Também quero que você pense no que o assusta, porque, muitas vezes, a descoberta de nosso dom especial exige mais trabalho de nossa parte, e esse é um trabalho que exige que saiamos corajosamente de nossa zona de conforto. Faremos mais um questionário a seguir e veremos se você sente alguma faísca vir de certas fraquezas percebidas que estão implorando para que você encontre coragem para explorá-las.

Questionário de Onde Reside Meu Trabalho

Quando era criança, eu sempre lutei com ______________________ ______________________

No trabalho, tenho dificuldades com ______________________ ______________________

Nas relações pessoais, tenho dificuldades com ______________ ______________________

Nunca fui bom em ______________________

Quando eu era criança, me diziam "você nunca vai conseguir" ou "você não pode fazer" ______________________

Algo que sempre quis tentar, mas nunca tentei, é ______________ ______________________

Eu queria muito poder ______________________

Admiro pessoas que ______________________

Quero ser lembrado por ______________________

Se dinheiro não fosse problema, eu iria ______________________ ______________________

Se tivesse coragem, eu iria ______________________

Visualizando seu sonho de visão elevada

Durante dez a quinze minutos, quero que você feche os olhos e se visualize na vida desejada, tendo feito as mudanças positivas que deseja fazer, em uma situação ideal. Sinta o que é existir nessa realidade. Quem está com você? Onde você está? O que você está fazendo? Como você está se sentindo? Detalhe tudo ao máximo possível. Guie-se por seu sonho. Absorva cheiros, cores e texturas. Divirta-se com isso.

Acessando seu eu da visão elevada a qualquer momento

Agora escreva o que surgiu durante sua visualização. Concentre-se em como foi sentir-se como a melhor versão de si. Como você se sente agora? O que precisa mudar para que se sinta como se sentiu em sua visualização? Acessar a *sensação* do que você deseja é fundamental. Assim que começamos a nos *sentir* diferentes, como se nossa vida estivesse mudando, os comportamentos logo seguem o sentimento. Assim como a intenção, explorar o sentimento é algo muito poderoso. Esta é sua nova autochecagem, para ser usada a qualquer momento: como me sinto? Se não estiver se sentindo como estava em sua visualização, deixe que esse seja o seu sinal de que um ajuste precisa ser feito. Você sempre tem acesso a um novo estado de espírito.

Descrição de sua missão por um ano

Agora você tem bastante conhecimento sobre o que é necessário para viver com propósito e cumprir a missão de sua vida. É hora de juntar tudo e criar a própria declaração de missão. Cada empresa tem a descrição de sua missão. Você é seu CEO. O que você representa? É difícil aplicar isso à sua vida como um todo, então começaremos pelo próximo ano. Qual é sua missão para o próximo ano? Seja ousado ao escrever sua declaração de missão. Ela deve motivá-lo e desafiar sua realidade atual. Você deve acreditar e abraçá-la com todo seu potencial. Pegue caneta e papel e responda às seguintes perguntas.

> **Passo 1:** Seja específico pra caralho. O que você gostaria de realizar no próximo ano? Por quê? Como isso ajudará os outros?

Passo 2: Anote a data (daqui a um ano) em que você cumprirá sua missão e circule-a.
Passo 3: Do que você precisará abrir mão para cumprir sua missão até essa data?
Passo 4: Crie um plano para alcançar o que deseja.
Passo 5: Combine suas respostas nos passos de 1 a 4 em algumas frases. Por exemplo: "Trabalharei como coach de saúde em um ano. Para fazer isso, cancelarei minha assinatura da TV a cabo para economizar e pagar as aulas de certificação e priorizarei minha saúde física e mental toda semana".

Agora você tem sua declaração. Coloque-a onde você a veja de manhã ao acordar e à noite antes de ir para a cama (como no espelho do banheiro).

Podemos usar nossa missão/objetivo como um mantra, enviando um sinal aos nossos genes de que estamos seguros ao fazer isso. Isso pode gerar uma sensação assustadora, mas temos de fingir até conseguirmos. Envie um sinal para o seu ser de que trabalhar em direção ao seu objetivo é seguro para si.

Trabalhar com sua declaração de missão dessa forma é uma prática. Aja "como se": ao lê-la, passe algum tempo visualizando a si já tendo conseguido, vivendo naquele mundo. Você pode escrever a declaração de missão e guardá-la na bolsa ou dentro da carteira. Tenho um aluno que fez uma imagem dela e a definiu como fundo de tela. Essa é agora uma de suas ferramentas sempre que se sentir vacilante ou fora de alinhamento.

REAL, MAS NÃO VERDADEIRO

Nós temos circunstâncias de vida únicas. Talvez você tenha nascido em meio a lutas, tenha passado por traumas no início da vida ou tenha vivido outras circunstâncias que foram especialmente difíceis.

Então vamos reservar um momento para reconhecer isso. As circunstâncias de sua vida são diferentes das minhas. Nós temos coisas diferentes para resolver, mas estamos aqui para resolvê-las. Se você as ignorar, elas estarão sempre lá, esperando por você. A coisa bonita, afirmativa e igualitária sobre isso é que nenhum de nós tem um segredo sobre como lidar com a vida. Nós chegamos com a mente confusa e estamos aqui tentando descobrir isso juntos. Não importa quais sejam suas circunstâncias, não importa quem seja ou onde viva, você pode ser livre.

Todo mundo, não importa quem seja, está experimentando algum sofrimento, mas há uma saída. Nós podemos ser livres. Eu sei que às vezes parece não ser possível. *Livre.* Que conceito! Você pode ser feliz? Sim! Seus sonhos podem se tornar realidade, não importa quem você seja, não importa de onde venha, não importa se faltam trinta dias ou trinta anos para alcançar seu objetivo. Você pode chegar lá. Um sonoro SIM às dúvidas. A resposta é *sim*.

A forma como pensamos sobre nosso potencial é definida pelo nosso condicionamento, que é limitado e limitante. Temos de nos lembrar de que traumas não processados e hábitos neuróticos colocam vendas sobre nossos olhos. Onde você esteve e o que passou não o definem. Suas circunstâncias atuais também não o definem. Você pode optar por dar um passo à frente todos os dias. Isso é liberdade. Você pode reconhecer que o lugar onde está não é onde gostaria de estar e dar um pequeno passo à frente, todos os dias, e isso é liberdade. "Estou ciente de que esta situação é uma merda, mas não acrescentarei mais merda a essa história de merda. Eu escolho seguir em frente." Comece de onde você está.

Para qualquer pessoa que esteja experimentando rejeição regular por ser quem é, lembre-se disto: as pessoas infligem sofrimento aos outros porque estão sofrendo. É claro que isso não elimina a realidade de que essa pessoa xingou você, foi violenta ou lhe causou dor emocional, mas dá a você a responsabilidade pessoal de continuar avançando. Você pode escolher seguir em frente e perdoar esse filho da puta, por mais difícil que isso seja.

Você detém o poder. Sua capacidade de perdoar e seguir em frente é o que o libertará. Isso não é ficar passivo! Pelo contrário, esse é um poderoso ato de poder e liberdade pessoal.

Se você tem um corpo humano, pode ser livre. Temos de nos lembrar disso quando somos fisgados por narrativas que nos afastam de nosso potencial. Sim, meu amor, as circunstâncias externas não determinam seu potencial. Andamos por aí pensando que nossas circunstâncias são os verdadeiros indicadores da qualidade de nossa paisagem interna, mas é o contrário. Sim, as circunstâncias externas podem ser impeditivas; claro, elas podem impedi-lo de maneiras reais e frustrantes. Podemos reconhecer que, embora nossas circunstâncias sejam objetivamente reais, não são *verdadeiras*. Se você está cercado de viciados, pessoas negativas ou de fofoca, ou vive na pobreza, essas são limitações reais. "Eu tenho limitações reais!", você diz. Sim, são reais, são a sua experiência atual, mas não são *verdadeiras* porque não são permanentes e não definem quem você é.

Nossas percepções acerca das circunstâncias são filtradas e condicionadas por traumas não resolvidos, tanto os nossos como os das gerações anteriores. Isso é pesado. Se você está lidando com o que percebe ser limitações externas — talvez você tenha um emprego que não pague o suficiente para permitir que você economize para atingir seu objetivo ou para que faça um curso; talvez você queira abrir um negócio por conta própria, mas está preso em um emprego corporativo e vivendo de salário mensal; talvez terapia e autoajuda sejam luxos pelos quais você acha que não pode pagar —, tudo isso é real, mas não é verdade. Quando tentamos investir neles, a verdade que eles inatamente não têm, parece que estamos criando desculpas.

Temos de ser reais, e fazer isso pode soar como amor exigente. Não sei quantas vezes ouço pessoas dizerem coisas como: "Não consigo comer de forma saudável, é muito caro" e "Não tenho tempo para meditar". As pessoas inventam as desculpas mais criativas! Pergunte-se: você quer viver o mesmo filme por 75 anos seguidos? Você quer continuar vivendo como se a vida fosse um ensaio geral? Você quer continuar se sentindo uma merda? Você quer permitir que circunstâncias externas ditem a qualidade de sua paisagem interna? Ou você quer que sua paisagem interna molde sua vida externa? Você quer ser livre? O quanto você quer ser livre?

As circunstâncias só são reais na medida de nosso condicionamento. Quanto mais eliminamos esse condicionamento, por meio de práticas como as encontradas ao longo deste livro, mais dissolvemos nossa percepção distorcida e confusa sobre o que é real e verdadeiro sobre nós e mais vemos potencial por todo lado. Mais vemos a luz vindo através das rachaduras. Mais compreendemos que podemos reorganizar as coisas e ser hábeis mesmo nas circunstâncias mais difíceis.

Frequentemente, as pessoas que têm mais recursos são aquelas que não têm nada. É uma questão de saber que o que você está vivenciando não determina de forma alguma a qualidade de sua vida. Nem precisa ditar a qualidade de seu dia. Ou semana, ou mês, ou ano. Temos a tendência de pensar que o que está bem diante de nós e a vida que estamos vivendo são os verdadeiros indicadores de como será o resto de nossa vida. Mas esquecemos uma lei natural do universo: nada é permanente. A coisa mais importante que você pode fazer é trabalhar sua liberdade interna. Essa é a única coisa que está inteiramente sob seu controle.

VOCÊ NÃO É PARA TODOS

À medida que trabalhar as etapas deste livro, você inevitavelmente crescerá, e isso inevitavelmente deixará desconfortáveis algumas pessoas em sua vida. Observar as pessoas encontrando a felicidade enquanto você permanece preso nunca é divertido, por isso quero prepará-lo para essa realidade. É perfeitamente normal se separar de alguém que não curte o fato de você viver sua melhor vida.

As pessoas que ficam assustadas por você viver a sua verdade provavelmente não estavam entre as pessoas que você visualizou em seu sonho. É verdade que quanto mais alinhado você fica, mais alinhados ficam seus relacionamentos. Algumas pessoas que costumavam se encaixar não caberão mais. E novas pessoas, de visão mais alta, se tornarão mais relevantes. Isso é bom. Faz parte do crescimento. E assim como você não é para todos, nem todos são para você. Algumas pessoas, assim como coisas e comportamentos, começarão a desmoronar para abrir espaço para uma vida mais atrevida.

Talvez seja hora de sair de uma determinada situação ou de um determinado grupo ou comunidade. Depende de você o que significa "sair". Talvez seja algo enérgico, como parar de frequentar uma determinada cena social ou deixar de seguir certas pessoas nas redes sociais. Talvez seja um movimento físico real. Talvez signifique mudar de emprego ou estabelecer limites mais fortes em sua vida. Seja o que for, cabe a você apoiar a vida que está construindo, especialmente à medida que continuar a se fortalecer mentalmente. Você sabe que é hora de ir embora quando as pessoas ao seu redor estão paralisadas. Trabalhe com a vida que tem e comece aos poucos — pequenas pausas podem ser extremamente poderosas. Quando você tiver reconstruído e reabastecido seus recursos internos, poderá voltar e testar seu material.

Uma coisa que eu garanto, querido, é que quando estiver vivendo seu caminho espiritualmente atrevido, você se tornará um catalisador para o despertar dos outros — você inspirará algumas pessoas, deixará outras que não estão prontas para mudar com inveja e fará com que outras pessoas enxerguem as próprias porcarias. Mas não se deixe levar por isso. Quando você deixar de ser uma caixa de fósforos e se tornar a chama, as pessoas não saberão o que fazer com você. Você, após se tornar um arco-íris atrevido, amando e acreditando em si. É melhor você acreditar que isso será um gatilho para as pessoas que ainda estão atoladas. Não leve para o lado pessoal. Deixe-as ver que seu atrevimento é um convite para que elas também sejam atrevidas.

O caminho pode ser solitário por um tempo, mas tenha certeza de que sua vida será recalibrada em torno do novo você. Se você continuar escondendo seus dons, ficará ainda mais sozinho. Pare de esconder sua magia. Pare de esconder seu atrevimento. Sua tribo finalmente o encontrará. É por meio de seu atrevimento, sua magia, seu brilho de arco-íris e sua ousadia que poderemos nos ver, nos encontrar.

No início de minha jornada, eu ficava muito entusiasmado com o que estava aprendendo e achava que todos ao meu redor estavam prontos para os tipos de compromissos, votos e transformações que eu estava assumindo. Mas muitas pessoas não estavam preparadas. A maioria das pessoas que encontraremos em nosso caminho não conhece totalmente o seu coração; elas podem estar tão presas no caos interno que não conseguirão encontrá-lo no novo lugar em que você está. Não cabe a você fazer o trabalho delas por elas. É sua função se nutrir e saber que, enquanto procura sua tribo, ela também está procurando por você. Quanto mais você trabalha consigo, mais cria condições para que sua vida externa corresponda a quem você é por dentro.

Você verá que momentos de completa conexão acontecerão cada vez mais e vislumbrará algo muito maior e mais poderoso do que se pode descrever em palavras.

Depois que você diz "Tchau, garota" para sua vida passada, não é como se partes dela não fossem mais vir procurá-lo. Não é assim. Lembre-se, há anos nos envenenamos por meio da mente, do corpo e da fala. Durante anos, estivemos nos acorrentando e nos escondendo de nosso coração espiritual, então não é tão fácil como: "Estou me mudando, saindo, mudando de emprego, abandonando este relacionamento, estou me despedindo da minha antiga vida, deixando todo mundo para trás". Isso é bom, mas, como eu disse, você nutriu essas sementes por muito tempo, então elas continuarão florescendo de vez em quando.

Embora não possamos eliminar o passado e os antigos padrões de pensamento por completo, podemos remodelar nossa relação com eles. Alguma merda acontece e minha resposta é: "Qual é a lição aqui?" Lições e bênçãos, querido. Isso é tudo o que a vida é. Ficamos melhores em cair e nos levantar novamente. Você pode ter quebrado o salto, mas adivinhe: você tem fita adesiva na sua bolsa! Você cola essa merda e segue em frente. Ergue-se. Trabalha, trabalha, trabalha. Serve. Aperfeiçoe-se, querido. Isso é tudo que você tem.

Não é que você simplesmente inicia o caminho espiritual e tudo desaparece. Temos muito trabalho a fazer e as sementes velhas continuarão florescendo. Quando isso acontece, nós escolhemos. É sempre uma escolha, querido. Devemos fazer escolhas constantemente, momento a momento.

8
Supere o medo de ser incrível

Passo 6: Acredite que você é incrível

Você já sabe a receita, agora é hora de cozinhar! Deve ser fácil, certo? Bom, sabemos que não é verdade. Sabemos que é preciso ter atenção a cada momento e manter um processo de tomada de decisões eficiente. Além disso, só conseguiremos ter sucesso se *acreditarmos* que podemos ser bem-sucedidos. Discutimos o diálogo interno negativo e as crenças limitantes, mas existem outros medos persistentes que surgirão quando você começar a fazer progressos. O medo do sucesso, de ganhar dinheiro, de não ser bom o suficiente em algo, de brilhar — essas questões florescerão à medida que avança e você precisará de ferramentas para compreendê-las. A dúvida, a insegurança e a comparação social são os assassinos dos sonhos e uma receita para a inação. Fizemos esse trabalho, amigo. Reescrevemos a história da sua vida e identificamos sua missão e seu sonho. Você se visualizou vivendo isso. Agora, o que está no caminho? Muitas vezes, nosso medo de realmente ter sucesso naquilo a que nos propusemos é a barreira mais persistente para que alcancemos nossos objetivos. Esse medo pode ser muito antigo e pode se manifestar de formas sorrateiras. Ele pode levá-lo a recusar uma oportunidade ou a definir o valor de seu trabalho em um nível muito baixo, por medo da abundância. E pode também se manifestar como inveja de outra pessoa que esteja brilhando, ou pode aparecer como uma paralisia ao tentar agir. Neste capítulo, exploraremos essas manifestações do medo, e lhe darei ferramentas que irão mantê-lo avançando na direção de seus objetivos e sonhos.

O MUNDO PRECISA QUE VOCÊ BRILHE

"Você é demais!", "Você é louco!", "Você é animal!", "Você é extra!" Você é muito, muito, muito, muito. Adivinha? É hora de dizer foda-se para essas histórias, porque é só isso que será necessário para você parar de ter medo de ser incrível.

Quando você brilha, está iluminando o caminho para outras pessoas. Você acha que sua luz brilhante está iluminando apenas o seu caminho? Não, querido. Sua grandiosidade, sua ousadia, seus extras e seu atrevimento não estão apenas ajudando você. Não mesmo! Estão iluminando a ponte para todos nós.

Nós passamos por altos e baixos nos quais atravessamos a luz e depois a escuridão. Mas às vezes ficamos mais na luz do que na escuridão por já estarmos fazendo o trabalho. Conseguimos colher os frutos de nossos esforços virtuosos e estar no mundo testando nosso material.

Quanto mais você está na luz, mais está em seu coração. Quanto mais você estiver em sua grandiosidade, em seu modo extra-super, mais estará em seu brilho. E precisamos que você, ser brilhante, continue iluminando o caminho! Precisamos de você porque muitas pessoas estão profundamente enraizadas na escuridão. Não estou dizendo "escuridão" no sentido do mal. Digo escuridão como confusão e ilusão. Dependemos de pessoas que residam no coração, em sintonia com o poder do coração e enraizadas em sua verdadeira essência, que estejam despertas e sejam extra-super o suficiente para serem ousadas e brilhantes pelo restante de nós. É verdade que seu caminho será diferente do caminho de outra pessoa, mas imagine que estamos em uma floresta à procura da mesma clareira. Haverá muitas maneiras de se chegar lá. Se você iluminar o caminho para si, o fará também para os outros.

Todos os caminhos levam à clareira. Todos os caminhos levam ao completo despertar e à liberdade. Mas precisamos que você seja brilhante, ok? É meio como viver na zona de crescimento e na zona esmagadora na maior parte do tempo. Pequenos resquícios de condicionamento surgirão em sua mente e você poderá duvidar do que está fazendo, de estar sendo tão brilhante.

MEDO, O GRANDE PROFESSOR

Quando você está focando uma visão e vê um caminho claro, aí vem o medo tentando mantê-lo seguro. A parte do cérebro onde o medo brota é o cérebro reptiliano; ele realmente pensa que alguma coisa está tentando lhe matar na selva, então, mesmo em um dia normal, quando sua vida não está em risco, ele envia sinais de medo por todo seu corpo. O cérebro não acompanhou a evolução — ele fica tentando manter você vivo e protegido do perigo de, você sabe, leões, tigres e esse tipo de coisas.

Da mesma forma, quando você está tentando fazer grandes coisas, mas grandes coisas que lhe assustam um pouco, o medo surge: "Tem certeza?!", "Isso é seguro?!" Neste caso, como no caso da ansiedade, o medo é simplesmente um sinal de que o status quo está sendo questionado e seu sistema está surtando. "Mas mudar é assustador! Poderíamos perder tudo! Podemos falhar!" O medo fica gritando essas merdas em segundo plano enquanto você tenta progredir, e se você não tiver sabedoria para distinguir a diferença entre um leão real e um leão que sua mente criou, pode tomar uma decisão baseada no medo, em vez de seguir na direção de seu sonho. Agradeça ao seu medo por deixá-lo consciente daquilo que é importante para você. Observe como o medo aparece quando você realmente se preocupa com alguma coisa. Tente perceber quando isso acontece e agradeça silenciosamente pela informação.

Imagine se, quando o medo surgir, você não o combater. Em vez disso, você diz: "E aí, vadia? Quer dançar?". Você conhece esse jogo e não cai nele; você permanece no controle. Não temerá mais o medo. Em vez disso, o medo simplesmente se tornará um indicador de que você está subindo de nível. O medo permite que você saiba que é um mega boss que não tem medo de sair da zona de conforto. O medo é uma forma de você saber: "Tudo bem, querido. Bem-vindo ao clube espiritualmente atrevido dos mega bosses". Porque se o medo não está batendo à sua porta à medida que você avança nos exercícios e se torna cada vez mais brilhante e trabalha mais, então você está muito mergulhado na zona de conforto. Sairá merda daí. Se não sair, então você não está fazendo o trabalho do jeito certo.

O medo pode se manifestar como a síndrome do impostor, o medo de ser uma fraude e a sensação de que você não pertence a lugar em que está ou não merece estar onde está. Isso é algo que todos nós experimentamos. Compartilharei uma experiência que tive. Conheci um de meus professores espirituais no Nepal em meu vigésimo sétimo aniversário. No meio de um retiro de meditação de trinta dias, fui um dos cinco participantes que tiveram a honra de conhecer esse Lama. Enquanto eu estava sentado em sua sala de espera, minha excitação foi sendo enterrada sob sensações avassaladoras de medo e insegurança. Tudo em que eu conseguia pensar era em que tipo de fraude que ele veria em mim. Pensava em como eu não era digno de sua atenção, em como ele perceberia minha fragilidade e me mandaria embora. Encontrei-me com ele mais três vezes na semana seguinte, sempre com pensamentos de que eu não valia o que recebia. Mas, no final, tudo acabou bem — melhor do que bem, na verdade. Aquilo era o surgimento do medo simplesmente me alertando de que eu havia saído de minha zona de conforto.

Gostaria de poder dizer que aquele momento de falta de valor próprio foi um incidente isolado, estimulado pela experiência colossal de conhecer um líder espiritual. Mas, por meio de tantas grandes oportunidades em minha vida, sentimentos de admiração e gratidão foram enterrados por uma enorme pilha fumegante de autocrítica. Em vez de aproveitar o momento, minha mente listava instantaneamente todas as evidências que conseguia reunir para mostrar que eu não era bom o suficiente. E se a mente não conseguir encontrar nenhuma evidência, ela inventa! Isso soa familiar?

Precisamos eliminar continuamente o medo, tipo: "Vadia, estou vendo você. Estou bem". Cale o medo e diga que você está bem. Não há nenhum leão. E vá cuidar de sua vida. Precisamos nos lembrar de que quando o medo aparece, quando a insegurança surge, parece uma representação verdadeira da realidade, mas não é. Alguns de nossos pensamentos e sentimentos nos levam a mais abundância e confiança, mas o que acontece mais frequentemente, a menos que tenhamos feito o trabalho, é que eles nos empurram para trás.

O medo nunca é a sua experiência total. Apenas uma parte de você sente medo. *Você* não é o medo. Você não está com medo. Isso nada mais é do que uma velha semente cármica florescendo, uma lição, que pede que você a perceba e elimine. Não há necessidade de permitir que ela tome conta da sua experiência. Vá ao jardim, arranque essa merda. E saia de lá. Não passe muito tempo lá.

Cada vez que supero algum terrível florescimento cármico, faço questão de desejar isso para todos os seres. É uma prática poderosa que me ajuda a lembrar de que nem tudo é sobre mim. Cada vez que você conseguir superar um medo e chegar ao próximo nível, tente fazer uma oferenda a todos os seres: "Que todos os seres que estão vivenciando o medo se reconectem com sua sabedoria e força interiores". Sempre que possível, não deixe que tudo redunde sobre você. Conforme continuar subindo de nível e superando os bloqueios restantes em sua mente, tente desejar o mesmo para os outros. "Desejo que todos os seres superem ______________." Existe abundância nessa oferta, e essa generosidade é uma inclinação natural. Desejar o melhor aos outros reconecta você à lei natural da abundância de uma maneira linda.

SUPERE O MEDO DE SER INCRÍVEL

Dúvidas, inseguranças, medo, vergonha, baixa autoestima, falta de valor próprio — tudo isso pode retornar e tentar convencê-lo contra a direção que está seguindo e atrasá-lo. E muita luta interna surgirá quando você começar a superar o medo de ser incrível. Mas podemos reconhecer alguns padrões mentais para que possamos detê-los antes que nos tirem do momento presente e nos levem de volta aos velhos modos de sentir.

Nagarjuna, um filósofo budista indiano do século II d.C., identificou oito padrões mentais específicos que devemos observar quando começamos a superar o medo de sermos incríveis.[1] São chamados de oito assuntos mundanos. De acordo com esses oito assuntos mundanos, estamos presos em um círculo vicioso tentando alcançar quatro deles — felicidade, louvor, fama e ganho — e fazendo tudo ao nosso alcance para fugir dos outros quatro — sofrimento, insignificância, culpa e perda. A menos que desenvolvamos uma conexão segura o suficiente com nosso coração desperto e as ferramentas para sermos mais sábios, continuaremos presos, lutando contra nós mesmos, contra nossa vida e as pessoas que vivem nela, mantendo por perto tudo de que gostamos e fugindo daquilo de que não gostamos. Sem que saibamos, ser arrastados por qualquer um desses extremos pode alimentar sementes de confusão no jardim cármico de nossa mente. Aprender a identificar como esses oito padrões e tendências podem aparecer em sua vida pode funcionar como um lembrete e ajudá-lo a prestar atenção a quando você pode ser fisgado e, sem saber, nutrir sementes prejudiciais em sua vida e bloquear maravilhas nela. Perceba esses momentos, reconheça-os e, então, reafirme sua direção e volte ao seu coração.

1 & 2: Felicidade *vs.* Sofrimento

À medida que você começa a progredir e a reconhecer sua maravilha inata, o próximo passo para descobrir mais de sua verdadeira essência é deixar de correr involuntariamente como um animal sedento que nunca fica satisfeito. Preste atenção a quando você começa a acreditar que sua felicidade depende de seus sentidos serem constantemente alimentados apenas com experiências agradáveis. "Preciso ouvir coisas boas!", "Preciso provar coisas boas!", "Preciso tocar em coisas boas!", "Preciso sentir cheiros bons!", "Preciso ver coisas lindas!", "Preciso me sentir bem!". Se você está constantemente desejando e perseguindo o prazer imediato que vem dos sentidos, nunca ficará satisfeito. Essa é uma forma clássica de sofrimento. Quando perseguimos constantemente sensações boas, uma após a outra, não desenvolvemos a musculatura para lidar com as coisas desagradáveis da vida. Mas o desconforto é uma parte natural da vida — sofrimento, dor, desespero, tristeza — que exige que o enfrentemos com consciência, e não fugindo. Você experimentará sensações desagradáveis, e tudo bem. Na verdade, isso é necessário. Como um guerreiro espiritualmente atrevido, você se fortalece com suas dificuldades. Sua felicidade genuína e sua maravilha brilham em seu coração desperto e não dependem de fatores externos. Quando você se surpreender perseguindo a gratificação dos sentidos, lembre-se de que a felicidade genuína não vem de fora. Uma maneira rápida de exercitar sua maravilha é desejar que todos estejam livres de desejos insaciáveis.

3 & 4: Fama *vs.* Insignificância

Especialmente hoje, na era das redes sociais, vivemos em uma cultura obcecada pela fama. Nós queremos ser especiais, e o que está por trás desse desejo é o medo de sermos insignificantes. Você tem de ser importante para *si*. Recorra a um de seus mantras e lembre-se diariamente de que você é importante, você é alguém de valor, você merece a Terra. Você faz isso por sua liberdade pessoal, não por fama.

5 & 6: Elogio *vs.* Culpa

Quanto do que você faz na vida é feito em busca de elogios e aprovação de outras pessoas? Quanto do que você faz é feito para si? Você busca aprovação? É viciado em elogios? E, querido, controle-se quando começar a culpar o mundo por não receber os elogios que acha que merece. Chega de brincar de ioiô e de precisar puxar tudo para o seu lado! Quando você se descobrir dependendo de elogios e incapaz de se elevar, ou em uma espiral de culpa, lembre-se de que suas ações não são para conseguir aprovação, mas para seu despertar. Recorra a um mantra para se lembrar de que você acredita em si, ou respire fundo algumas vezes e conecte-se com a parte de si que nunca deixa de acreditar. Aprove-se!

7 & 8: Ganho *vs.* Perda

Temos normas culturais que foram implementadas por pessoas que sofrem profundamente e estão longe de seu coração atrevido. Aprendemos a acreditar que quanto mais, melhor, que ter uma casa maior é melhor, que quanto mais acumularmos, mais feliz seremos. Conseguir coisas quando as quer se tornou sinônimo de uma vida feliz, e quando não consegue ou perde o que tem, se sente infeliz, acredita que seu valor depende do que você tem para exibir. Simplifique sua vida, cultive suas melhores qualidades de compaixão, altruísmo e generosidade. Doe aquilo de que você não precisa. Quanto mais coisas desnecessárias tiver, mais longe estará da conexão genuína com outras pessoas e com seu coração.

Mantras para a autoconfiança

A autoconfiança requer coragem. Use qualquer um dos mantras a seguir ou recite-os quando o medo aumentar, conforme você subir de nível.

Tenho coragem de pedir o que quero.
Tenho coragem de transformar meus sonhos em realidade.
Tenho coragem de ser destemido.
Tenho coragem de mergulhar em minha transformação.
Tenho coragem de abandonar pessoas e coisas que não apoiam minha cura.
Tenho coragem de me amar tão profundamente a ponto de isso inspirar os outros a amarem a si mesmos também.
Tenho coragem de ser uma nova versão de mim mesmo a cada dia.
Tenho coragem de deixar meu passado para trás.
Tenho coragem de ser livre.

Você tem medo de ser bem-sucedido?

Sua mente não está exatamente mentindo para você quando envia sinais de medo. Buscar objetivos e sonhos geralmente significa desistir de um estilo de vida em prol de outro — desistir do status quo por algo melhor — e a mudança pode ser assustadora. Vamos explorar exatamente aquilo de que você abrirá mão, e aquilo que conseguirá, com uma rápida análise de custo/benefício.

Reflita sobre as perguntas abaixo ou sinta-se à vontade para anotar as respostas em uma folha de papel separada.

Se eu alcançar meu sonho, do que terei de abrir mão?
Se eu alcançar meu sonho, o que perderei? (Esse é o custo de seu sonho.)

Agora reflita sobre estas questões:

> O que acontecerá se eu não realizar meu sonho?
> O que obterei quando alcançar meu sonho?
> O que obterei superará o custo?

É um trabalho de tempo integral ser o próprio líder de torcida; lembrar-se constantemente de que você merece saúde, bem-estar e felicidade. No caminho para seu coração, pequenos trapaceiros aparecerão constantemente. A autossabotagem é um desses trapaceiros. A primeira vez que estive no Nepal, depois de meu primeiro retiro de trinta dias, saí do mosteiro e fiquei bêbado até cair. Eu me perdi nas ruas de Katmandu e, milagrosamente, não fui assaltado nem ferido. A autossabotagem fez parte de meu processo por um tempo. Eu dava um passo à frente e dez passos para trás. Mas os passos para trás fazem parte da jornada adiante. Eles trazem aprendizados preciosos, por isso não devemos nos julgar. O sabotador aparece quando você está avançando, realizando seus objetivos. Ele o convence a voltar para um padrão antigo e detonar tudo. Vencemos o sabotador quando falhamos em grande estilo: caímos, depois sacudimos a poeira, perdoamos a nós mesmos e não permitimos que um pequeno revés se transforme em um incidente gigantesco. Você pode optar e ver isso como uma lição e uma oportunidade para praticar o autoperdão.

O jogo da comparação

Na psicologia budista, comparar-se e competir são as principais causas de sofrimento, porque estão enraizadas nos três venenos mentais, que estão profundamente condicionados em todas as mentes: ganância, ódio e ignorância. Desses venenos, a principal fonte de sofrimento é a ignorância. É muito ignorante de nossa parte ver alguém prosperando e sentir inveja de seu sucesso, em vez de nos sentirmos inspirados por aquela pessoa. Também é ignorância pensar que podemos ter algo que outra pessoa tem. Somos pessoas únicas em nos próprios caminhos. Nós trazemos algo diferente. Sofremos porque olhamos para o sucesso dos outros através das lentes da ignorância. A ilusão transforma a inspiração em inveja.

E se você levasse isso além de si — já que somos interconectados e interdependentes? E se o sucesso de outra pessoa estivesse abrindo caminho para você trilhar um caminho semelhante? E se visse alguém que tem algo que você realmente deseja e se sentisse inspirado pelo sucesso daquela pessoa, em vez de sentir inveja dela? O sucesso de outra pessoa é um convite para você ter sucesso.

Reconheça quando o ciúme e a inveja estiverem surgindo e assuma sua propriedade em relação a eles. Ninguém o deixa com inveja — *você deixa* a si mesmo com inveja. Deixe esses sentimentos de lado e veja se consegue tornar desse reconhecimento um hábito. Como parte do hábito, tente desejar o melhor a si dizendo: *Que eu seja feliz.*

A gratidão também é um ótimo antídoto para a inveja. Na essência da inveja está a crença de que você não é bom o suficiente e de que o que você tem é inadequado. Quando esses sentimentos difíceis surgirem, combata-os com gratidão. Escreva ou diga em voz alta três coisas pelas quais você é grato. Envie um pouco de amor para si, por tudo o que você conquistou e por tudo o que você tem. Gere compaixão por si e envie amor à pessoa da qual você teve inveja. Deseje a ela o bem como você desejou para si: *Que você seja feliz.* É difícil desenvolver esse hábito, mas será transformador mudar a forma negativa e ignorante de pensar sobre as realizações dos outros.

SUPERANDO A MENTALIDADE DA ESCASSEZ

Vamos deixar uma coisa bem clara: você merece sucesso. Assim como merece a felicidade. *Sucesso* não é um palavrão. *Dinheiro* não é um palavrão. Eles são simplesmente ferramentas para fazer coisas, viver livremente e compartilhar com outras pessoas. Temos de parar de pensar neles como palavrões feios. Você precisa amar o sucesso e o dinheiro. Não quero dizer que deve começar a gastar o dinheiro que você não tem ou escalar a hierarquia corporativa. Quero dizer que temos de mudar a carga emocional atrelada a essas coisas, aprendendo a nos relacionar com o sucesso e o dinheiro de maneira diferente.

Muitas de nós temos medo do sucesso e do dinheiro porque nunca os tivemos ou não acreditamos que os merecemos. Damos a eles poder demais porque temos medo de perdê-los. Devemos despojá-los desse poder e, em vez disso, nos relacionar com eles com uma carga energética de abundância, facilidade, fluxo e utilidade. O dinheiro é simplesmente algo a ser usado e trocado por coisas na vida que nos ajudem em nosso caminho. O dinheiro vai e vem, o sucesso vai e vem, então não há necessidade de atribuir esse peso a nenhum deles. O dinheiro nunca fez nada com você! Pare de agir como se ele fosse algo a temer e trate-o como se fosse algo que você absolutamente pode e merece ter.

Quando falamos sobre mentalidade de escassez, pensamos que ela tem a ver apenas com dinheiro, mas essa forma de pensar é muito mais do que isso. É possível ter uma mentalidade de escassez em relação aos tipos de coisas: tempo, relacionamentos, saúde, inteligência, julgamento e força de vontade, só para começar. Pense se você aborda alguma dessas áreas da vida com a crença de que é um recurso limitado. A mentalidade de escassez é apenas isto: uma forma de pensar. Ela se baseia em crenças. Não há solidez nisso, nem permanência. É apenas um conceito que nos condicionou. E qual é a beleza de uma forma de pensar? É que ela pode mudar. O que devemos fazer é trazer para nossa vida uma mentalidade de abundância e fazer dela nosso hábito.

Lista de verificação da mentalidade de escassez

- ❑ Você acredita que as situações são permanentes.
- ❑ Seu vocabulário inclui muitos "não consigo fazer isso", "não tenho dinheiro suficiente", "não sou inteligente o suficiente", "não tenho tempo suficiente".
- ❑ Você tem muita inveja dos outros.
- ❑ Você tende a não ser generoso (não gosta de dar dicas, compartilhar ou doar).
- ❑ Você tende a acumular o que tem e tem dificuldade em abrir mão das coisas.
- ❑ Você é muito crítico ou rápido em culpar os outros.
- ❑ Você é propenso a fofocar.
- ❑ Você secretamente espera que os outros falhem.
- ❑ Você morre de medo de mudanças.

Lista de verificação da mentalidade de abundância

- ❑ Você elogia os outros com frequência.
- ❑ É fácil perdoar.
- ❑ Você deseja que outros tenham sucesso.
- ❑ Você demonstra gratidão.
- ❑ Você tem acesso à criatividade e a uma vasta imaginação.
- ❑ Você gosta de compartilhar.
- ❑ Você aceita a mudança.

A mentalidade de escassez faz você sentir que não faz parte das coisas, como se estivesse sempre sozinho, como se não houvesse água, comida, dinheiro ou oportunidades suficientes. Ela pode ser muito insidiosa, infiltrando-se em todos os aspectos de sua vida e bloqueando a abundância. A mentalidade de escassez é o medo no modo piloto automático.

Em contraste, a mentalidade de abundância é:

Eu sempre tenho uma escolha.
Eu sou grato.
Eu sou consciente das possibilidades.
Eu me concentro no que está dando certo.
Eu reconheço minhas várias bênçãos.

Meditação de cura da escassez

Visualize os grilhões e as correntes que podem estar amarrados ao seu coração.

Imagine-se se libertando.

Use o poder da imaginação para realmente ir até lá. Concentre-se na prática. Se sua mente divagar, tudo bem — basta trazê-la de volta e reunir a sua energia nessa poderosa visualização. Continue voltando ao ponto, e, se surgir resistência, observe isso também e volte novamente ao foco.

Repita este mantra enquanto continua a visualizar:

Querido coração,
ajude-me a despertar da escassez para a abundância.

Cultivando uma vida abundante

Precisamos trabalhar em uma mentalidade de abundância em todas as áreas de nossa vida. Temos de mudar nosso pensamento para algo diferente dessa crença maluca de que precisamos ser milionários e, em vez disso, focar em nos contentar em ter o suficiente. O que você está fazendo todos os dias para criar uma mentalidade próspera?

A definição de abundância é a crença de que você tem o suficiente para compartilhar. Detalharemos isso ainda mais. A felicidade sustentável exige que você tenha fluxo abundante nas seguintes áreas-chave:

Abundância de educação

Isso não significa que você está constantemente buscando novos títulos ou cursos. Significa simplesmente que está constantemente aprendendo.

Abundância de saúde

Significa que seu corpo está energizado com uma quantidade equilibrada de atividade física.

Abundância em casa

Sua casa tem uma aparência abundante? Não estou perguntando se ela tem móveis chamativos. Mas ela é limpa e aberta?

Abundância nos relacionamentos

Não significa ter amigos ricos. Significa que seus relacionamentos são ricos em conexão, acolhimento, amor e generosidade e que você se sente visto e ouvido.

Abundância de espiritualidade

Você pratica a reconexão com seu coração regularmente?

Abundância na carreira e nas finanças

Uma carreira abundante é aquela em que você não beneficia apenas a si, mas também a todos. Isso leva a finanças abundantes.

Quando sofremos com a autoestima, consciente ou inconscientemente, a mente fica presa em formas de pensar de escassez, e a forma disfuncional como nos relacionamos com o dinheiro vaza para outras áreas da vida. Onde a escassez está penetrando em sua vida?

Observe as áreas da vida listadas. Onde você é abundante e onde a escassez está aparecendo? Tudo o que fazemos em uma área vaza para outra. Tudo está conectado. Talvez em algumas áreas você esteja indo muito bem, enquanto em outras não tanto.

Afirmações de abundância

Eu me livro de tudo que fez com que a prosperidade parecesse indisponível ou inacessível para mim.

A abundância financeira vem para mim como um ímã, atraída por laços que não podem ser quebrados.

Tudo o que faço contribui para a criação de abundância em minha vida.

Para mim, ganhar dinheiro é algo tão fácil e natural quanto respirar.

Recebo a riqueza em qualquer forma que ela assuma.

Sou hábil em administrar dinheiro, e, em troca, ele se multiplica para mim.

Sou merecedor de riqueza abundante.

Quanto mais sirvo ao mundo e compartilho meus talentos, mais dinheiro eu gero.

Sou feliz por ajudar outras pessoas a alcançarem riqueza para além do que jamais sonharam, porque confio que há uma oferta infinita e mais do que suficiente para todos.

A liberdade financeira é uma realidade que mereço.

Não tenho medo de compartilhar minha riqueza no serviço aos outros. Quanto mais eu dou, mais recebo.

Minha abundância financeira me ajuda a fazer a diferença na vida de muitas pessoas.

Tenho uma gratidão infinita por tudo que recebi e sei que mais ainda está por vir.

CURANDO SEU RELACIONAMENTO COM O DINHEIRO

Repetirei porque quero que você se sinta confortável com esta ideia e com esta linguagem que é muito suja para alguns: você também deve amar o dinheiro. Precisa entender que dinheiro é energia, e precisamos de energia para criar aquilo de que precisamos.

Eu costumava ter uma relação terrível com dinheiro. Não apenas pensava que não o merecia, como também não fui educado sobre o assunto — como poupá-lo, como melhorar meu crédito, como lidar com meus impostos. Não sabia de nada disso. Essa ignorância agravava a vergonha que eu sentia em relação ao dinheiro. Por fim, contratei um contador, a quem não tenho problemas em pagar para fazer algo que não tenho ideia de como fazer.

Este também é o problema: não pedimos ajuda e certamente temos medo de pagar por isso, por isso tentamos fazer coisas sobre as quais nada sabemos, no esquema "faça você mesmo". Isso também é medo do dinheiro e um sinal de que seu apego pode ser muito forte. Dinheiro é uma das coisas às quais muitas pessoas atrelam uma bagagem emocional imensa, por isso não pedem ajuda e não querem nem dizer esse palavrão.

A abundância pode ser bloqueada pela crença de que você não a merece. Essa crença pode ser inconsciente, então você pode não estar ciente dela ou do poder que ela tem sobre você. Outra crença popular sobre dinheiro: ser rico é ruim e ser pobre é nobre. Devemos remodelar isso. Você pode se sentir culpado, em conflito e sem integridade por causa de seu desejo de ter mais dinheiro e ser próspero. Você pode culpar seus pais por não terem dinheiro suficiente e por não lhe ensinarem a como se relacionar com o dinheiro de maneira saudável. Achamos que ter prosperidade é apenas para alguns escolhidos, não para todos.

Ou talvez você não tenha nenhuma dessas crenças limitantes e simplesmente não saiba por onde começar para ganhar mais dinheiro, então acaba optando por ficar paralisado e não procurar ajuda. Talvez você tenha muito dinheiro, ou talvez venha de uma família rica e sinta vergonha e culpa por isso também. Um grande problema é que passamos muito tempo falando sobre as coisas que estão dando errado e não dedicamos tempo suficiente para agradecer por aquilo que está dando certo. Nós nos concentramos demais no negativo. É simples assim. Se nos concentrarmos na gratidão, ela nos levará ao coração e nos ajudará a nos tornarmos um ímã para o dinheiro.

Quero compartilhar com vocês uma história rápida que exemplifica algumas das coisas que estamos discutindo. Encontrei recentemente um amigo muito bem-sucedido na fila para entrar em uma festa em Bali. A entrada para a festa custava US$ 25, mas esse amigo, apesar de ser muito rico, tem uma abordagem de escassez com a vida, uma tendência sorrateira e gananciosa, e queria entrar de graça. Se você é alguém que está sempre tentando conseguir desconto, entrar furtivamente, conseguir algo de graça, roubar, essa é a mentalidade de escassez em ação. Esse comportamento está regando as sementes da ganância em seu jardim cármico, e essas sementes florescerão como medo de gastar dinheiro. Através da generosidade nos tornamos prósperos. Essa é uma lei natural, tão natural quanto a lei da gravidade.

Eu sei o quão difícil pode ser viver em um mundo onde estamos condicionados por aspectos de nossa vida a buscar o sucesso definido por dinheiro e prestígio. Então, quando se trata de usar dinheiro para atingir objetivos, como pagar estudos, materiais comerciais, contador, treinamento e certificação, pensamos constantemente: "Como posso gastar tempo fazendo isso se isso não vai me gerar nenhum dinheiro imediatamente?". Tudo volta para seus valores e para o ato de abordar tudo o que você faz com uma mentalidade de abundância. Caso contrário, ficaremos presos nessa corrida desenfreada e em um circo de reatividade cruel. Volte aos seus valores e à sua missão. Elimine o ruído e ouça sua bússola interior, sua orientação interior.

Não estou aqui para discursar sobre como economizar para a aposentadoria ou se tornar financeiramente livre. Não é desse tipo de abundância de que estou falando. Eu não sei nada disso. Não faz parte do meu vocabulário. Você acha que me aposentarei? *Rá*. Ensinarei e dançarei até meu último suspiro. Estou falando de viver *agora*. Viva o melhor hoje. Alcance um momento de clareza e depois amplie de momento a momento. Isso é viver. Viver com abundância depende de como você pensa e se relaciona com as coisas que deseja. Compartilhe, seja grato, lembre-se de que nada é permanente. Lembre-se, você é merecedor.

Você sempre vale

Tudo o que pensamos, dizemos e fazemos carrega energia. Quero apresentar algumas maneiras de aumentar seu valor próprio na comunicação diária. Por exemplo, definir limites é uma das formas mais poderosas de enviar uma mensagem de valor. Dizer "não" quando você está fazendo escolhas baseadas em valores, ou quando está se honrando de alguma forma, transmite uma mensagem enérgica. Diz: "Essa pessoa se valoriza". Isso muda a maneira como os outros interagirão com você daqui para a frente.

Outra forma poderosa de enviar uma mensagem é se afirmar. Quando você defende sua posição, mostra aos outros o modo como devem tratá-lo. Você pode estar lutando contra uma tendência de aceitar menos do que você vale, em termos de pagamento pelo seu trabalho ou nos relacionamentos. Quando consegue definir sua taxa de acordo com o que você merece e dizer a alguém o que você não tolera em um relacionamento, isso também envia uma mensagem. Você está dizendo "não" para ser tratado de forma inferior e "sim" para ser tratado de acordo com seu valor. Tudo é uma escolha, e essas escolhas cotidianas impactam seu relacionamento com a abundância — e criam a próxima versão de si!

Outras maneiras de enviar uma mensagem de valor próprio para si e para os outros:

- Faça com que os outros sintam que são merecedores (voluntarie-se, dê, compartilhe, elogie).
- Experimente uma postura poderosa: fique de pé e caminhe com o peito para fora e os ombros para trás, liderando com o coração. Observe sua postura. Enviamos sinais com nosso corpo. Entre em uma sala com poder. Fique firme em seu poder e em sua confiança.
- Dance ou pratique qualquer movimento com intenção. Coloque uma música que faça você se sentir sexy. Use essa prática de movimento para se conectar com seu valor e o incorpore!
- Fique de cabeça para baixo. É sério. Faça uma parada de mão ou deite-se no sofá. De alguma forma, fique de cabeça para baixo. Essa é uma ótima maneira de mudar sua perspectiva quando você estiver se sentindo fisgado e de literalmente mudar a situação, seja ela qual for.

Faça as pazes com a ambição

Existe um mito na comunidade espiritual de que não querer nada é sinônimo de ser espiritual. Garota, você tem permissão para desejar de todas as formas. Desejos são a linguagem do coração — é por meio deles que a ouvimos. Desejos são a forma pela qual nossos sonhos, objetivos e propósitos falam conosco. Como isso poderia estar errado? É tudo uma questão de como você se relaciona com o que profundamente deseja. Sua relação com seus desejos mais profundos deve estar enraizada no amor, não na ansiedade. Verifique suas intenções. Se estão enraizadas em motivos altruístas, aceite cada desejo com alegria. Alegria é a expressão da manifestação dos desejos mais profundos. Que bonito!

É uma besteira o papo de que pessoas espirituais não podem ser ambiciosas. No mundo moderno, a ambição é necessária para muitas pessoas. Mas primeiro precisamos nos perguntar: o que é ambição? O que é sucesso? Se nossa ambição está completamente enraizada na busca por dinheiro e prestígio porque acreditamos que eles nos levarão à felicidade, então nossa ambição é falsa. Estamos fadados a encontrar sofrimento no final. Se nossa ambição é guiada por validação externa, elogios e nos reforçam como somos bons, então estamos ferrados. Isso é a ambição mental. Mas a ambição com intenção de propósito é saudável. É a ambição que vem do coração.

A ambição mental é insustentável. Está enraizada em motivos egoístas. A ambição do coração é sustentável e está enraizada em motivos altruístas. Por exemplo, você pode se motivar a ter sucesso e riqueza, mas sua motivação é ajudar o maior número de pessoas possível. Esse tipo de ambição está enraizada na compaixão. Você faz coisas porque deseja que outras pessoas sejam felizes e livres de sofrimento. Que incrível se essas forem suas ambições! Esse é o playground da abundância e da prosperidade, do sucesso e do poder, da sabedoria e da alegria. Se sua ambição se baseia em retribuir, nada nem ninguém poderá impedi-lo de fazer o que veio fazer aqui!

Ambição prazerosa

Você está feliz ou estressado a respeito do que quer? Quando estamos felizes com nossos sonhos, nós os integramos ao coração. Eles não se misturam mais com o medo da mente condicionada. Eles se aprofundaram em nosso ser, da cabeça ao coração, e podemos sentir a diferença. Você passa do *Eu penso* para o *Eu sou*. Você se torna a expressão alegre de seu sonho, em vez do sussurro ansioso e cheio de medo que seu sonho costumava ser. Divirta-se! Dê risada! Esteja com seu sonho. Permita que ele irradie de si! Deixe essa alegria o levar. É assim que você vê e sente que está alinhado ao coração.

SEMELHANTE ATRAI SEMELHANTE

Encontrar o fluxo e cultivar a abundância em sua vida tem um efeito cascata. À medida que você fica mais alinhado com seu sonho e começa a emanar alegria em suas interações cotidianas, começa a atrair aquilo de que precisa: pessoas, oportunidades, novos amigos que pensam como você. A lei da abundância funciona nos dois sentidos. As pessoas o encontrarão, mas você também se sentirá atraído por pessoas que estão por aí fazendo o que você deseja fazer. Siga isso. Deixe-se inspirar pelas pessoas. Se a inveja é ansiedade e escassez em ação, a inspiração é a ação do coração e um sinal de que você eliminou as dúvidas de si, de que fez as pazes com seu sonho e de que ele emana de você.

Voltemos por um momento àquela ideia de vir a este mundo com contratos. Gosto de pensar sobre atração assim: estamos constantemente encontrando as ferramentas e aprendendo as habilidades necessárias para podermos nos graduar e encerrar os contratos com os quais viemos. Cada vez que nos graduamos, assinamos um novo contrato. Estamos constantemente atraindo as oportunidades de que precisamos para melhorar nossa conexão com o coração e desenvolver suas qualidades. Elas vêm na forma de lições e bênçãos. Nós atraímos aquilo que precisamos aprender para a fase da vida em que nos encontramos. Cada oportunidade que aparecer (boa ou ruim) foi atraída por nós, para que possamos aprender o que ela tem a ensinar sobre como avançar no contrato atual. Você se torna consciente do que precisa aprender e de como precisa crescer assim que começa a fazer o trabalho. Cada vez que se graduar, estará se libertando.

9

Vivendo com todo seu poder

Passo 7: Use o que você tem

Meu amigo, você aprendeu a falar consigo com amor. Agora é hora de estender essa compaixão a tudo o que faz. Você é o mensageiro e a personificação dessa bela missão e foi enviado para realizá-la com alegria. Se seu trabalho estiver sendo realizado somente acerca de si, ele está incompleto. O Trabalho começa conosco e se estende para fora, para tudo o que fazemos, para tudo o que tocamos, assim como a autocompaixão se transforma em compaixão pelos outros. O universo que você cria ao seu redor é um reflexo de quem você é por dentro.

Tizemos muito trabalho interno nos capítulos anteriores, agora olharemos para fora e veremos o que manifestamos e como podemos configurar o nosso mundo externo também, de uma forma que dê suporte ao nosso bem-estar e à nossa saúde.

VIDA, A MAIOR PROFESSORA

A esta altura, você já percebeu que, tendo corpo e experiência humanos, se você não fizer o Trabalho continuamente, sua vida acontecerá no modo de repetição. Você percebeu que as pessoas e coisas que encontra são oportunidades de crescimento. Você percebeu que pode curar.

Você já deve ter percebido também que as maneiras pelas quais vemos a vida a partir de um local de falta e carência, as formas pelas quais nos vemos como não merecedores, indignos, inadequados — esses são contratos/currículos que viemos aqui para trabalhar. Se você pensar sobre eles dessa perspectiva, será divertido. Você se gradua em um currículo de matérias e, então, começa um novo. A vida é uma aventura de crescimento!

Nessa aventura, fazendo esse trabalho, é importante ter uma equipe atuando. Já conversamos sobre isso. Sua comunidade está evoluindo. Sua rede pode ter mudado. É importante saber para quem você pode ligar se tiver uma recaída, quem é seu líder de torcida quando você não acreditar em si. Da mesma maneira, você deve pensar no que tem a oferecer ao seu círculo. Buda disse a um de seus alunos mais talentosos: "Ananda, a sangha é o caminho completo".

Lembra-se da história da caverna que compartilhei? Bem, adivinha quem estava lá comigo? Meus amigos. Para crescer, nós precisamos de pessoas. Precisamos um do outro. Naquele dia, em que fui fundo naquela caverna e permiti que acontecesse o que acabou sendo uma experiência espiritual e emocional transformadora para mim, consegui manter o poder de decisão por causa da força e do apoio de meus amigos. Nada acontece no vácuo, amigos. Em certo sentido, nunca estamos verdadeiramente sozinhos e nunca somos verdadeiramente independentes.

A FESTA É SUA... QUEM VOCÊ VAI CONVIDAR?

As amizades, por mais amorosas que sejam, também podem ser objetos de apego. Digamos que você já esteja no caminho há algum tempo e peça o apoio de um amigo. Eles se oferecem para levá-lo para sair. Você sai, fica bêbado e usa drogas. Ou vocês vão assistir algo que o distraia do que está em seu foco mental, ou vocês saem para se distrair de seus sentimentos comendo. Talvez esse não seja mais o tipo de suporte de que você precisa. Talvez esse amigo represente um antigo apego e seja hora de se graduar e encerrar esse apego. Talvez você precise conversar, respirar, fazer algo que apoie mais o ponto em que você está, pensando em crescimento. Talvez seja hora de elevar seu círculo a outro, que esteja mais alinhado com onde você está e com suas novas necessidades.

Testando seu material

Eu uso a frase "teste seu material" neste livro. Bem, é nos relacionamentos que você testa sua força mental e suas ferramentas. Você não pode se proteger do mundo. Não pode se isolar. Não é algo sustentável e não é o caminho espiritualmente atrevido. Temos de estar no mundo, estar com as pessoas e continuar crescendo.

Se você tem relacionamentos que deseja cultivar, mas não está alinhado com onde deseja estar, vá almoçar, em vez de jantar, se souber que o jantar levará a bebidas. Se esse é um amigo que você sabe que fará uma refeição não saudável, e depois irá para a sobremesa, e depois para o bar, e depois para a balada para se embebedar e mandar ver nas drogas até clarear, escolha o seu veneno. Faça uma dessas coisas, não todas. Se quer parar de fumar, não adianta não ser amigo de quem fuma. No momento seguinte, você sabe, você estará sozinho, se protegendo do mundo inteiro. Esse não é o caminho tântrico. Você precisa ser forte o suficiente para se envolver com outras pessoas, não importa onde elas estejam no caminho delas. Você não pode esperar que todos estejam no mesmo momento que você — você precisa encontrá-los onde eles estão.

E não há como ser perfeito. Em vez de desistir de tudo, pergunte-se: isso é inteligente ou ineficiente? É algo benéfico ou prejudicial? Pergunte-se: tomar três taças de vinho é prejudicial ou benéfico? Cinco cigarros são prejudiciais ou benéficos? Faça uma escolha. O que lhe fortalece é que, não importa o que decida, você está consciente e faz sua escolha, em vez de agir inconscientemente, no piloto automático. Ficar em casa e evitar a vida e as pessoas porque elas ativam seus gatilhos é uma forma de desvio espiritual. É inteiramente possível fazer escolhas e navegar nos relacionamentos existentes sem cortá-los ou sacrificar seu progresso se você for forte o suficiente por dentro.

Pessoalmente, tive de deixar todos para trás por um tempo. Mas, em algum momento, você se reconectará, e isso é bom, porque, novamente, você precisará testar seu material. Lembre-se, o caminho de cada um é diferente. O trauma de algumas pessoas com a família e os amigos é tão intenso que pode levar anos para que se conserte uma relação antes que as partes possam voltar a ter contato. Você ainda pode ver amigos e pessoas que estão parados nos velhos tempos, mas sob uma nova luz. Pode ser simples, apenas uma questão de escolha. Em vez de ir para a casa de seus pais em todos os feriados, vá apenas em um. Ou talvez você não queira ir nos feriados porque nesses dias todo mundo bebe e come feito um porco, além de todo tipo de coisa estúpida. Talvez você prefira visitá-los em uma época aleatória do ano, quando vocês podem ter momentos mais reservados para se conectar.

Enquanto você tenta entender sua mente e descobrir quem realmente é em seu coração, outros vêm curtindo o ciclo rápido de prazer e dor (sofrimento) e estão totalmente envolvidos com a própria vida. Gostam de ficar excitados (com fofocas, negatividade, drogas, álcool, relacionamentos depreciativos). Não é seu trabalho julgar e você não precisa fazê-lo. Isso é muito importante. As pessoas também poderão sentir uma mudança em você, quer você fale sobre ela ou não. Você pode descobrir que as pessoas se sentem engatilhadas por *você*. Nós queremos nos sentir bem, e às vezes, quando vemos outras pessoas mudarem a própria vida, é como se colocassem um espelho perante a nossa. Tenha compaixão. Observe e, o mais importante, não julgue.

Você pode avaliar o calibre de seu despertar percebendo se e quando os gatilhos surgem para si. Por exemplo, durante alguns anos, parei de ir para casa nas férias. Em vez disso, eu ia em épocas aleatórias do ano, mas não importava o que acontecesse, para comemorar, meu pai fazia um churrasco. As pessoas bebiam e comiam carne, e meu pai me oferecia álcool e carne, apesar de saber que esse não era o caminho que eu estava seguindo. No começo, eu ficava muito irritado, tipo: "Oi, você sabe que sou vegano! Que merda!". Mas lentamente evoluí, e, em vez disso, pude sentir compaixão por ele. Para ele, oferecer carne e álcool para mim era um gesto de amor. Uma pessoa sábia pode dar aos outros o benefício da dúvida. Ninguém quer causar dano ou sofrimento. Todos nós temos, no fundo, uma tendência natural para a compaixão. Somos compassivos em nossa essência; devemos dar às pessoas o benefício da dúvida e assumir a bondade. Alguns podem elogiá-lo, e outros podem desprezá-lo. Tudo bem. Isso não é com você. É seu trabalho não levar isso para o lado pessoal. Não desperdice sua energia ficando com raiva.

Socialização intencional

Vá para os lugares que refletem onde você está e onde quer estar. Vá! Se quer conhecer e ser amigo de pessoas que pensam como você, vá aonde elas estão! Mostre-se. Arrisque-se. Apareça com um visual fabuloso. Apareça com um lindo sorriso. Apareça com um perfume gostoso. Faça um esforço. Combine sua aparência externa com a liberdade interna. Se ainda está procurando sua tribo espiritualmente atrevida e de visão elevada no bar onde fazia *happy hour*, não a encontrará ali, querido. Pare de procurar pessoas de visão elevada em lugares de baixa vibração. Você tem de ir aos lugares de visão elevada. Economize seu dinheiro e vá àquele sonhado festival. Economize dinheiro e vá àquela conferência que você tanto deseja assistir. Procure pessoas nos lugares em que você deseja ser encontrado. Pegue-se quando estiver entrando no pensamento "Nunca vou encontrar minha tribo. Estou tão sozinho!". É melhor você acreditar que esses tipos de pensamentos causam impacto no seu jardim interno, porque eles estão regando as velhas sementes de não merecimento das quais você está tentando se libertar. Confie que você está criando as condições para que seus lindos amigos apareçam. Regue novas sementes que deem apoio a esse saber.

Distrações externas, gatilhos e pessoas irritantes sempre estarão lá, mas é tudo uma questão de sermos ou não arrastados por elas. Não devemos levar para o lado pessoal tudo o que elas disserem. Dançaremos com gatilhos e pessoas irritantes de uma maneira nova. O que elas dizem é um reflexo da qualidade da mente delas; como você reage é um reflexo da qualidade da sua.

Às vezes, as pessoas se graduam com você, às vezes não, mas não deixe que quinze anos de amizade sejam arruinados por uma briga de cinco minutos. Imagine, você está indo tão bem, está tão iluminado, está tão desperto! Você está na visão elevada e, de repente, vê sua mãe, e ela sabe exatamente o que dizer para lhe irritar. Você se perde de raiva e pensa: "Meu Deus, todo meu trabalho foi por água abaixo!". Perceba que caiu e erga seu rabo de volta. Você tem essa escolha disponível toda vez que cair. Levante-se. Novamente. Quando você cai na lama, sabe que tem muito trabalho a fazer. Quando consegue se recuperar, fica sabendo que seu trabalho está funcionando. Levante sua bunda e fique em pé, todo fabuloso. Isso é espiritualmente atrevido. E tenha a coragem de admitir que fez merda e de se perdoar.

Quando está com seus amigos, você se sente feliz? Inspirado? Reabastecido? Pode agir de forma vulnerável? Ou se pega fofocando, julgando? Você sente resistência, mas vai no encontro mesmo assim, porque se sente obrigado, e isso é tudo o que você sabe fazer? Os estados de espírito que você cultiva nesses momentos se tornam suas características, por isso precisamos tratar esse momento com cuidado e tomar decisões com sabedoria. Amizades e relacionamentos amorosos não têm a ver com quantos presentes você recebe, mas com a forma como vocês se relacionam com a mente uns dos outros e se apoiam mutuamente para explorar territórios desconhecidos dentro de si mesmos. Se suas qualidades internas encolhem perto de seus amigos, então essas são as pessoas de quem você precisa dar um tempo. Se você está procurando amigos, saiba que eles também estão procurando por você.

O poder do não

Não é rude dizer não. No entanto, verifique sua intenção. Ela denota autopreservação ou desvio espiritual? Quando você diz não para contornar espiritualmente algum trabalho interno difícil, significa que ainda há um pouco de hesitação. Capte a instabilidade, verifique a si mesmo e sua intenção e diga não a partir de um lugar de autopreservação, não de um lugar de medo ou evitação. Do ponto de vista da autopreservação, você está em seu poder. Por medo, você está em um lugar onde pode deixar as emoções escaparem e prejudicar os outros e a si. Quando diz não intencionalmente, você ensina uma lição. A maneira como você gasta seu tempo faz parte de uma visão elevada ou não faz parte de nenhuma visão — não há meio-termo. Pense nisto: tempo e energia são, em última análise, os únicos recursos que temos.

Usando as mídias sociais com responsabilidade

Sejamos honestos, as redes sociais fazem parte da vida. É inevitável. Aqui vão algumas maneiras de saber se as está usando de maneira saudável ou se é hora de fazer uma pausa.

Sinais de que você está usando as mídias sociais de maneira responsável e para o bem:

- Você se sente inspirado pelo que faz.
- Você está agindo e optando por fazer mudanças.
- Você assume responsabilidade.
- Você está falando a verdade.
- Você está sendo vulnerável.

- Você não está levando as coisas muito a sério.

Sinais de que você não está usando as redes sociais de uma forma espiritualmente atrevida e de que isso está sendo prejudicial:

- Você está constantemente se comparando.
- Você está constantemente competindo.
- Você está deixando comentários maldosos.
- Você se sente esgotado quando as acompanha.
- Você fica entorpecido quando está envolvido com elas.
- Você as usa para se distrair de seu caos interno.
- Você segue conteúdo de baixa vibração.

O PODER DE COMPARTILHAR

Uma maneira poderosa de acalmar a vergonha e os pensamentos intrusivos é compartilhar sua história. Observe como as pessoas reagem à sua honestidade radical. Surge julgamento ou admiração? Aposto que você dará permissão a alguns e verá outros que têm medo de sua ousadia porque ainda não estão prontos. As duas coisas estão Ok. Quando você está em seu poder, não é afetado por nenhuma das duas. Você está simplesmente sendo quem é e deixando seu sonho emanar. Isto faz parte de sua missão: ocupar espaço e ser uma inspiração.

Compartilhe sua história de um lugar de poder. Examine sua história fodida, o que você aprendeu com ela, o que fez para mudá-la e quem você é agora. Isso, por si só, é fortalecedor. Essa é a base de uma conversa com vulnerabilidade. Todo mundo tem obstáculos. Todos continuarão a ter obstáculos, mas estamos olhando para pessoas, seres humanos reais, que trilharam o caminho e saíram do outro lado.

Ao compartilhar as chaves do seu despertar pessoal, você mostra às pessoas ao redor como podem abrir a porta. Você não pode abrir a porta para elas, mas pode proporcionar as chaves, mostrar a porta e dar algumas dicas sobre como abri-la. Mas elas têm de abri-la e passar por ela sozinhas. Você não pode entrar no coração de alguém e destrancá-lo. Você causa um impacto maior ajudando os outros a se curar por si próprios.

Quando encontrar uma maneira de compartilhar a libertação pessoal de uma forma criativa, terá chegado lá. A criatividade é o padrão básico do coração. Você pode ser um artista performático ou um engenheiro; a criatividade pode tocar qualquer pessoa. Está na maneira como você fala, se comporta, se relaciona com os outros — essas são maneiras sutis de compartilhar. Causar impacto não tem nada a ver com a forma como fomos programados para pensar. Trata-se simplesmente de passar suas ferramentas para frente.

Reestruture a vergonha

"Eu sou um merda", "Eu não mereço ser feliz", "Eu sou inútil", "Ninguém me ama".

Talvez você tenha sustentado pensamentos como esses. Bem, eles podem continuar a aparecer. Você deve reformulá-los à medida que surgirem, caso contrário, se esconderá, isolando-se com sua conversa interna negativa, e é aí que a vergonha se espalha — no escuro. Vergonha é a crença de que você é mau, não merecedor, inadequado, de que não é bom o suficiente.

Quais são as três narrativas de vergonha que surgiram para você? Escreva-as a seguir.

1.

2.

3.

Agora reformule em uma forma mais positiva as afirmações que escreveu:

1.

2.

3.

A menos que reformulemos esses sentimentos, nossa mente encontrará maneiras poderosas, sorrateiras e fodidas de validá-los. “Sim, eu *sou* um merda!”, “Eu realmente não mereço ser feliz”, “É verdade, ninguém me ama”. Não. Pare com essas mentiras agora mesmo. Pegue-as no pulo, reformule-as e lembre-se de que esses são eventos mentais e nada mais.

Outras coisas que você pode fazer para trazer a vergonha à luz:

- Fale sobre isso com um amigo ou um ente querido.
- Escreva sobre o assunto em seu diário.

Fique firme com todo seu poder

Permanecer em seu poder leva você a experiências ainda mais plenas de poder. Quando isso acontecer, outras pessoas poderão vê-lo como uma ameaça. Você pode se tornar um gatilho para outros, mas isso não tem nada a ver com você. Não que você esteja isento de responsabilidade por suas ações se machucar alguém. Claro que não. Lembre-se de que, conforme você muda, as coisas também mudam para as pessoas ao seu redor. Talvez você precise dar espaço para outras pessoas em seu círculo; você pode começar a ver os relacionamentos mudarem. Tudo isso é Ok. Apenas continue sendo você, em alto e bom som. A liberdade não acontece no vácuo. Estamos conectados, então, quando você se liberta, ajuda outros a se libertarem também.

Quando você está alinhado, não há um gosto residual, nem restos, nem um engasgo quando você se envolve com o mundo. Você tem uma sensação de gratidão, novas ideias surgem, e há um sentimento de empoderamento. Essa é a pista de que seus valores estão correspondendo às suas ações.

Oração de alinhamento

Querida natureza de Buda,
Querida parte de mim que já despertou,

Querido coração,
Querido universo,
Mostre-me onde não estou alinhado.
Que eu possa trazer alinhamento para essas partes.
Mostre-me os passos, mostre-me com quem devo falar, mostre-me o que devo fazer, mostre-me o que devo ler para trazer alinhamento à minha vida.
Eu sei que estou sempre sendo guiado pelas pessoas, pelos lugares e pelas experiências exatas que preciso ter.
Eu sei que estou sendo divinamente acolhido em cada passo do caminho.
Eu continuo a estar alinhado para o bem maior de todos.
Eu sei que o verdadeiro alinhamento está a apenas uma inspiração de distância, a apenas um instante.
Eu sei que estou sempre conectado a esta parte de mim, minha natureza búdica, meu potencial infinito para o despertar completo.
Eu sei que esta parte de mim está cheia de sabedoria, alegria completa e absoluta, amor e compaixão.

ACEITAÇÃO RADICAL

Vejo a aceitação radical como o guarda-chuva da autocompaixão e do autocuidado radicais. Praticar a autocompaixão radical é reconhecer que temos falhas, que cometemos erros, mas não permitir que essas coisas ditem a qualidade de nossos dias ou de nossa vida. A palavra *compaixão*, em sânscrito, significa compaixão por si e pelos outros, mas no dicionário inglês, *compaixão* significa apenas compaixão pelos outros. Então uma palavra precisou ser criada: *autocompaixão.* Essa linguagem mostra a camada extra de trabalho que temos de ter para pensar em nós mesmos de um modo amoroso. Compaixão significa fundamentalmente o desejo de que nós e os outros estejamos livres de sofrimento.

Autocompaixão e autocuidado são como fazer uma pausa sempre que você está se culpando por algo que aconteceu — quando você poderia ou deveria ter dito isso ou feito aquilo, quando você guarda rancor, sente remorso ou arrependimento. Colocar em ação a aceitação radical, a autocompaixão radical e o autocuidado radical significa escolher não se apegar ao que já aconteceu. Você se permite reconhecer que sente arrependimento por um momento, mas não se agarra a isso. Em vez disso, escolhe o caminho da liberdade e da sabedoria. A autocompaixão radical não significa que você deva ignorar os erros que cometeu, significa que, não importa quantas vezes você caia, está comprometido em se levantar e estar sempre presente. Você está comprometido com sua libertação.

Antes de ter compaixão pelos outros, precisamos ter compaixão por nós mesmos. Se nossos recursos internos se esgotarem, não conseguiremos sequer perceber o sofrimento alheio. De outro modo, veremos o sofrimento dos outros como um gatilho, e não como uma oportunidade de oferecer ajuda. Portanto, autocompaixão e serviço radicais são as duas faces da mesma moeda.

Autocuidado radical

É seu trabalho ser um indivíduo voltado para soluções. É sua função escolher cuidadosamente como impactar o mundo ao redor. Às vezes, o autocuidado significa verificar a si e perguntar: "Posso aparecer em público hoje?", "Posso sair e interagir com as pessoas?", "Estou deixando escapar minhas questões, projetando e infligindo dor aos outros?". Isso é importante. Se você está saindo pelo mundo e colorindo sua experiência com ilusões mentais e emoções negativas, então, querido, volte para casa. Sua escolha de ir para casa é um ato de autocuidado. Você está sintonizando seu coração, discernindo o que é melhor para si e para os outros e agindo.

Serviço radical

É aqui que tudo se junta, o objetivo de tudo. Que divertido seria despertar e se encontrar sozinho? Você atravessou o rio do sofrimento até a outra margem e... É o único lá? Você solitário seria tão chato! Imagine estar sozinho em um barco, olhando para todo mundo se afogando e pensando "Hahahaha, vocês estão aí sofrendo", sem ajudar ninguém a entrar no seu barco. Estar a serviço é uma parte inata do caminho.

Não quero que você pense como muitos de meus alunos: "Não estou fazendo o suficiente. Preciso fazer mais". Não é verdade. Sua escolha de fazer esse trabalho de autolibertação está impactando a todos. A próxima constatação que ocorrerá é a de que você DEVE retribuir ao mundo, DEVE embelezar o mundo. Quando você começa a embelezar sua mente, faz o mesmo com o mundo.

Quando sentir o impulso de servir, não hesite. Quando quiser se doar de alguma forma, presenteie, elogie, não hesite. Você pode estar pensando: "Meu Deus, me sinto tão bem quando dou um presente". Você vai querer continuar fazendo isso porque é bom. A euforia daquele que ajuda é real. Você fica um pouco excitado quando ajuda alguém. Mas se seu próximo momento for mais gentil, mais pacífico e mais presente, então você estará aprofundando a pureza de sua intenção. A certa altura, você não estará compartilhando ou se doando para sentir o prazer disso; você o estará fazendo para se libertar. Quando falamos sobre *ahimsa*, ou não violência, não estamos necessariamente falando apenas sobre não dar um soco na cara das pessoas. Estamos falando sobre não causar danos com seus pensamentos, suas palavras e suas ações.

Em um nível realmente básico, saiba apenas isto: quando você dá força aos outros, dá força a si, e quando ajuda os outros, ajuda a si mesmo. No nível do coração, somos iguais. Você deve ver os outros como vê a si mesmo. Ao ensinar as ferramentas que o ajudaram, você cria mais cura dentro de si. Quando ajuda alguém a perdoar, ajuda a si a perdoar. Somos espelhos, gente! E de uma perspectiva egoísta, ajudar os outros simplesmente cria uma sensação boa. E não há nada de errado em se sentir bem.

SUA MISSÃO PRAZEROSA

Como discutimos, a alegria é a linguagem do coração. Devemos nos tornar fluentes nessa língua. Ela deve se tornar nosso novo padrão. Quero que você chegue a um lugar onde veja e ouça o mundo através das lentes da beleza, do fascínio e da admiração. Há um profundo senso de conexão com o que a realidade é de verdade, simplesmente porque você percebe que a qualidade de suas experiências é determinada pela qualidade de sua mente e pela sua conexão com seu coração.

Essa conexão é o que dita a quantidade de beleza que você vê no mundo, a quantidade de compaixão que demonstra ao mundo, a quantidade de alegria, riso e diversão que você experimenta na dança com o mundo. Você percebe o quão profundamente interligados estamos, então, quando pensa no seu sonho, na sua missão, no seu propósito, percebe que é muito maior do que apenas você mesmo. E começa a pensar: "Preciso ser professor de ioga, de bem-estar, coach de vida, escritor do nicho de bem-estar...". Não. Não precisa ser tão linear. Você pode ser chef, designer de joias, designer de moda, carpinteiro, fazendeiro, garçom. Pode ser a porra que quiser! Enquanto estiver fazendo seu trabalho, purificando sua mente, o trabalho que fizer não importará.

Não existe profissão espiritual. Existe apenas um coração espiritual. Se seu coração estiver aberto e sua mente concentrada, tudo e qualquer coisa que você fizer será uma expressão desse alinhamento interno. Tudo o que você faz, ou no que toca, se torna sagrado, e todos que entrarem em contato com essa profundidade em você serão impactados. Minha definição de *verdade* é uma conexão profunda com o coração. Quando alguém está operando a partir desse ponto de visão elevada, isso é inegável.

Você pode sentir — quando você olha para uma joia ou uma peça de roupa feita a partir desse lugar, ou quando é servido por alguém em um restaurante que opera desse lugar, ou quando você olha uma obra de arte ou assiste a um filme ou ouve uma música, é inegável. Você conhece a verdade. Seu corpo conhece a verdade. Faça o que fizer, você pode escolher fazê-lo a partir de um lugar de altruísmo, de um lugar de profunda compaixão. Mais e mais criatividade continuará a surgir. Aquilo que você lança para o mundo será mais e mais benéfico.

Todo mundo é digno de uma vida de visão elevada. Quando você vive na visão elevada, vive com alegria e prazer. É engraçado: meus professores têm um senso de humor em seu estilo de ensino. Até o Dalai Lama está constantemente fazendo as pessoas rirem. Você pode medir o nível de despertar de alguém percebendo o quanto sua presença é alegre, o quanto seu sorriso é brilhante. Isso reflete a energia que vem do ser da pessoa. A alegria é contagiante.

Tive a rara oportunidade de conhecer uma mestra espiritual que passou doze anos em uma caverna no Himalaia. Uma das coisas que refleti para ela foi minha gratidão por seu estilo de ensino. Ela me lembrou de ser alegre e de não levar as coisas muito a sério. Ela estava constantemente nos fazendo rir. Existem as seis *paramitas* (as *seis perfeições* do budismo tibetano), e no dia em que nos conhecemos, ela me disse que deveria haver uma sétima paramita que deveria ser a alegria prazerosa. Que incrível! Muito de ser espiritualmente atrevido tem a ver com ser alegre. As outras perfeições são: generosidade, moralidade, paciência, força, concentração e sabedoria. A sétima é ALEGRIA.

10

A visão elevada

Passo 8: Continue detonando

Da mesma maneira que o exercício físico mantém o corpo em forma, é necessário um programa de exercícios internos para se manter em forma espiritual e psicologicamente. E assim como quando perdemos a motivação para ir à academia, precisamos de um sistema que nos ajude a permanecer motivados a sermos espiritual e psicologicamente saudáveis. É importante ter lembretes de seu "porquê", uma prática regular e um sistema de apoio para garantir que sua mente permaneça clara, e seu coração desperto a serviço do bem maior de todos, e não de seus medos. Este capítulo é sobre o modo de manutenção — as habilidades e a sabedoria às quais você sempre pode recorrer.

OS QUATRO PILARES DA MANUTENÇÃO[1]

Parabéns, você conseguiu chegar à fase de manutenção! Existem quatro pilares fundamentais quando se trata de manutenção espiritual: prática espiritual, fluxo, exercício e relacionamentos. O compromisso de nutrir essas áreas garantirá que você permaneça no caminho.

Prática espiritual

É o momento da jardinagem interna. Sente-se, conecte-se com a quietude no centro de seu ser, abra-se para o silêncio de seu coração e ouça! A maneira mais poderosa de fazer isso é por meio da meditação, uma técnica de concentração que o orienta a simplesmente reunir toda a energia de sua mente na sensação da respiração em seu corpo. As distrações virão, a mente divagará, e tudo o que você precisa fazer é se voltar para a respiração, repetidamente. Muito simples! Comece com cinco minutos e vá aumentando o tempo. O importante é que você faça isso todos os dias. Mantras, orações e afirmações são complementares ao trabalho central do treinamento mental. Uma mente concentrada é uma mente feliz, e uma mente feliz lhe dá acesso direto ao seu coração.

Fluxo

Aqui estamos falando daquilo que você faz todos os dias pela missão do seu coração. Agora você já sabe que deve compartilhar seus dons, e compartilhá-los de formas amplas ou menores faz parte de sua manutenção diária. Abra espaço para o fluxo, ou ao menos para descobrir o que o aproxima desse estado: explore curiosidades e aprenda, porque suas curiosidades se tornam sua paixão, e a paixão leva a uma vida com propósito. Essa é uma parte essencial da espiritualidade.

Exercício físico

A saúde física apoia a saúde mental, e vice-versa. De forma semelhante, a saúde física apoia o progresso espiritual. O autocuidado na forma de exercícios, não importa quais sejam, é um poderoso ato de amor-próprio. Quando você cuida de si, normaliza o autocuidado, e seu corpo apoia sua cura.

Relacionamentos

Conexão e sensação de pertencimento são necessidades do coração. Quando nossos relacionamentos refletem esses sentimentos para nós, estamos no caminho certo. Seus relacionamentos o nutrem? Eles refletem a você uma visão elevada? Olhe para seus relacionamentos e os veja como uma extensão de como você se cura e também de como você retribui. Nossos relacionamentos são onde podemos experimentar o poder de dar e receber amor, sentir-se bem e fazer os outros se sentirem bem, sentir-se pertencente a algo e fazer com que os outros sintam o pertencimento. Os relacionamentos são fundamentais porque neles temos o privilégio de *agir* com base no amor e *ser* expressões do amor.

Todos os dias, somos apresentados a muitas oportunidades para escolher nutrir essas áreas da vida. Confie que, se você fizer sua parte, o universo cuidará do resto. Essas são leis naturais, tão naturais quanto a gravidade. Temos de confiar que essas leis nos libertarão e que, quando fizermos nosso trabalho, o crescimento acontecerá.

Ficando em forma emocional e espiritualmente

A boa forma emocional e espiritual, assim como qualquer plano de manutenção da forma, demanda... um plano. Quantos dias por semana você precisa se exercitar para se manter saudável e são? O que você precisa comer para ser saudável e são? Você prepara uma salada para levar ao trabalho todos os dias? Você treina três vezes por semana de forma consistente? Qual é seu plano emocional e espiritual para a vida cotidiana, sete dias por semana? É necessário fazer um compromisso se quiser manter o progresso.

Isto é a vida real. Não vamos fingir que nos tornamos conscientes e de repente somos sobre-humanos e nada mais nos afeta. Não. Você ainda será um humano emocional, e as coisas ainda lhe irritarão. É aqui que entra a prática diária. Cada dia é uma prática espiritual. Cada dia é uma oportunidade para fazer uma pausa antes de se automedicar automaticamente. No fim das contas, seu cérebro entenderá. Ele aprenderá que não existe leão. Mas você tem de guiá-lo pelo caminho.

A boa forma emocional, em seu nível básico, é um cuidado preventivo. Temos de olhar para nossos mundos internos diariamente. Mas por meio do hábito e do condicionamento, fazemos um trabalho fantástico ao ignorar as partes de nós que não podemos (ou não queremos) ver. Então é disso que trata a manutenção da boa forma emocional e espiritual: cuidar da parte que não podemos ver.

Caso contrário, os sentimentos negativos se acumulam, os pensamentos preenchem tudo, e você reage cegamente quando um gatilho é acionado: "Vá! Faça alguma coisa! Faça isso ir embora!". E então você bebe um pouco de vinho ou navega pelas redes sociais para se entorpecer, ou toma sorvete ou fuma um baseado. Por mais inofensivas que essas atividades possam parecer, quando feitas com a intenção de evitar desconforto, elas não ensinam o cérebro a se acalmar. Diferentemente, elas ensinam o cérebro a encontrar uma solução externa no segundo em que você recebe um sinal de socorro. No nível espiritual, cada vez que você reage cegamente, está mais uma vez nutrindo as sementes cármicas em seu jardim, para que essas tendências continuem a prevalecer.

Fazendo um plano

O plano mental que você precisa implementar tem a ver com gatilhos, entorpecimento e evitação, porque essas são as coisas que levam às espirais descendentes e aos comportamentos negativos provocados por sentimentos desconfortáveis. A seguir, ou em um pedaço de papel separado, quero que você anote seus três principais gatilhos. Seu gatilho pode ser um sentimento, como tristeza ou raiva, ou uma situação em que você se encontra com frequência. Em seguida, anote seu comportamento habitual de entorpecimento ou evitação e o que você se compromete a fazer na próxima vez que esse gatilho surgir. Dessa forma, você se familiariza com os padrões cotidianos próprios.

Na próxima vez que algum deles se manifestar, você poderá estar preparado com outra resposta, uma resposta que o libertará.

Gatilho: ______________________________
Comportamento entorpecente: ______________________
Comportamento de evitação: ______________________
Comportamento espiritualmente atrevido: ____________

Gatilho: ______________________________
Comportamento entorpecente: ______________________
Comportamento de evitação: ______________________
Comportamento espiritualmente atrevido: ____________

Gatilho: ______________________________
Comportamento entorpecente: ______________________
Comportamento de evitação: ______________________
Comportamento espiritualmente atrevido: ____________

Fazendo isso várias vezes, você inicia a mudança e a purificação em todos os níveis — físico, psicológico e espiritual. No fim, você incorporará esses novos hábitos mentais ao seu DNA, mas até então, tente ver cada dia como uma oportunidade para praticar sua nova ferramenta e aplicar essa nova mentalidade. Faça funcionar para você, mas saiba que isso exige comprometimento todos os dias. Demanda que fique atento aos seus valores, ao seu coração.

Firmando a estabilidade interna

A estabilidade interior acabará por se tornar seu padrão, e uma maneira simples e poderosa de saber se você está nutrindo esse pilar é conferir quantas vezes você é tomado por distrações, sejam elas internas ou externas — quantas vezes você recorre a doces, cigarro, álcool, fofocas, coisas que você fez e o mantinham atolado.

Observe como você lida com os gatilhos. Um sinal poderoso de que está avançando na direção da liberação completa é que você é capaz de se pegar culpando os eventos externos por como está se sentindo, e depois inverte sua atenção e olha para dentro. Os gatilhos são sinais que nos direcionam para onde precisamos de cura.

Prática rápida: Como estou?

Uma ferramenta simples, mas poderosa, que desejo que você comece a usar é a autochecagem. Ela o tira do modo de piloto automático e torna essa checagem um novo padrão.

Em uma escala de 1 a 10, como estou?

1 2 3 4 5 6 7 8 9 10

Me sinto uma merda. Estou saudável e estável.

Pergunte-se: de que preciso agora?

Pratique ouvir a si mesmo de verdade. Faça um esforço para nutrir o que falta, de modo saudável. Você merece. Alegre-se em atender às necessidades com atos de autocuidado amoroso.

Espiritualidade é vida

A espiritualidade não está só em um estúdio de ioga, um retiro de meditação ou em um curso online. Não está apenas neste livro. Essas coisas e esses lugares oferecem ferramentas e práticas, mas o trabalho do nível superior acontece no mundo, na sua vida real, quando você enfrenta dificuldades e estresse, pessoas difíceis e dor. Como você age? Como você pode agir de maneira diferente? Isso é o que conta, não quantos retiros você fez. Sua vida é o professor mais verdadeiro, e o modo como você responde à vida é a prática espiritual.

Alguns professores dizem que nossos problemas decorrem do modo como nos relacionamos com os outros. Embora os relacionamentos possam causar problemas, também podem curar. As pessoas são uma grande parte da vida, e você precisa de uma equipe espiritual, como uma *sangha*, assim como precisa de médicos, terapeutas e treinadores. Quem são seus líderes de torcida? Qual de seus amigos o ajudará a permanecer responsável? Quem se envolverá em atividades saudáveis com você?

Na minha equipe principal, meu círculo íntimo consiste em minha irmã, meu irmão e alguns amigos próximos — que, curiosamente, conheci online quando comecei a compartilhar coisas em um ambiente público. Essa é uma prova do que acontece quando você compartilha sua história e suas ferramentas com outras pessoas e retribui. Você encontra sua tribo. Isso acontecerá.

As pessoas da sua equipe são refletores. Elas são tão brilhantes porque refletem para você todo o seu brilho. São suas líderes de torcida mais barulhentas e seus maiores apoiadores no amor exigente.

A vida nos oferece oportunidades para sermos livres a cada momento. Escolha a liberdade com mais frequência. Essa é a ideia. Você consegue.

Viva todo dia como se fosse o último

Eu sei que soa meio clichê, mas isso, na verdade, é muito útil: lembre-se de viver cada dia como se fosse o último. Lembro-me de fazer isso como uma ferramenta para acordar, o tempo todo. Sei que parece meio mórbido, mas precisamos internalizar a verdade de que todos nós, em algum momento, morreremos — as pessoas de quem gostamos, nossos entes mais queridos, nossos inimigos, nossos amantes... Cada ser humano vivendo na Terra agora morrerá em algum momento. Pense no legado que deseja deixar. Você quer ser lembrado por se encaixar perfeitamente em uma caixinha ou por ser a pessoa que se jogou na vida e inspirou as pessoas?

Meditação do seu último suspiro

Fique confortavelmente deitado e com os olhos fechados. Traga sua consciência para a sensação da respiração, concentrando-se nesse processo rotineiro que o mantém vivo.

Agora visualize-se em seu leito de morte. Sinta a sensação de que estes são seus últimos momentos na Terra; sinta a morte se aproximando. Sinta a perda do que você queria, mas não conseguiu, do que tentou alcançar, mas não conseguiu. Sinta a morte de suas aspirações e de seus sonhos.

Sinta suas conversas inacabadas. O que você gostaria dizer para sua família, seus amigos, ou alguém com quem vinha brigando?

Fique conectado à sensação da morte que se aproxima. O que você ainda está guardando? O que não está expressando honestamente a respeito de si? Permita que essas respostas cheguem até você. Esta é sua última oportunidade de se acertar consigo. Mergulhe fundo no sentimento. Sobre o que você vem mentindo para si? Como autossabotou seu sucesso? Permita que essas respostas também cheguem até si.

Sinta os últimos suspiros de sua preciosa vida. Respire novamente. O que você gostaria de dizer aos seus entes queridos? O que gostaria de dizer para si mesmo?

Que essa prática deixe claro o que é mais importante para você. Para sair dessa meditação, respire fundo, abra os olhos e alegre-se por estar vivo.

ADEQUAÇÃO EMOCIONAL PARA A VIDA

Precisamos ter mecanismos em nossa pochete espiritual para processar sentimentos e emoções à medida que surjam. Lembre-se, nem todo sentimento, emoção e pensamento que surge é um indicador da verdade. O que indica a verdade é a sua resposta a eles quando surgirem. E sua resposta a eles é baseada na profundidade de sua conexão com o coração.

Quando você está em boa forma, emocionalmente apto, as coisas não o afetam como acontecia no passado; você não é arrastado por cada pensamento, cada emoção, cada sentimento, cada distração. De seu mundo interior ao mundo exterior, você pode permanecer em um estado de equanimidade e consciência amorosa. É nesse estado de consciência que o coração, a sabedoria interior e a luz surgem, queimam, difundem-se e soltam os grilhões de nosso condicionamento.

O caminho espiritual não é conseguir coisas. É sobre remover coisas. Nesse processo de remoção das coisas, lembramos de nossa verdadeira natureza desperta, que é perfeita e mágica. E quando temos acesso a essa verdadeira natureza, nos tornamos conscientes. Com essa consciência, percebemos que as coisas não são o que aparentam ser — são muito melhores, e o potencial delas é infinito.

Acho muito bonita a essência da Oração da Serenidade, recitada nos Alcoólicos Anônimos e em outros programas de doze passos. Para mim, ela leva ao cerne de nossas decisões diárias de cada momento no caminho, ao discernimento do que é real e do que não é. Acho esta versão adaptada muito útil, e talvez você também ache:

Faço as pazes com as coisas que não posso mudar, tenho coragem de mudar as coisas que posso mudar e tenho sabedoria para saber a diferença entre as duas.

VOCÊ PRA CARALHO

Você é merecedor, é o cara, é amado, tem todas as ferramentas de que precisa — a comunidade de que você precisa, os recursos internos de que precisa para ser o melhor Você. E se não o fizer neste momento, confie em que o que está faltando virá até você. Você é o suficiente.

Para mim, a personificação de ser eu mesmo pra caralho é não dar a mínima. E digo isso da maneira mais fortalecedora e consciente.

Não dar a mínima é gritar: "Eu sou o suficiente!". Seja o que for que você esteja fazendo que apoie a sabedoria de seu coração, faça-o em voz alta, de forma ousada e atrevida. Não dar a mínima não significa que você não se importa com o mundo — pelo contrário. Não dar a mínima significa que você tem um foco singular em cuidar bem de si, o que significa acreditar em você, se proteger, não depender da validação dos outros e fazer livremente o que quiser, estar com quem quiser, amando o que quiser. Isso significa que você não é mais movido pelo que os outros podem pensar. É por *isso* que você não dá a mínima. *Isso* faz você ser você pra caralho. É um ato libertador. O que as pessoas pensam de você não tem nada a ver com você.

Um grande momento para mim sobre ser eu mesmo pra caralho aconteceu quando comecei a postar vídeos de dança no Instagram. Eu estava com muito medo do que as pessoas diriam. Afinal, o que um professor espiritual que deveria ser todo *namastê* e vestido de branco está fazendo dançando? Oh, meu Deus! De minha perspectiva condicionada, dançar não é o que um professor espiritual deveria fazer. Mas era o que eu queria, porque sabia que estava fazendo isso por mim, pelo meu coração.

Assim que compreendi que a dança estava profundamente enraizada em uma prática de purificação para mim, percebi que era uma ferramenta importante para partilhar com os outros. Eu estava com medo do que as pessoas diriam, de qual seria a resposta, mas o feedback que recebi foi o de que as pessoas acharam inspirador, que encorajava os outros a dançar e a se permitir ser mais livres. Uau! Na verdade, as pessoas estavam muito abertas a ver um professor espiritual através de lentes diferentes. Isso me ensinou que mostrar às pessoas outro ponto de vista faz parte de meu trabalho e daquilo que vim compartilhar. Você pode ser impactante e espiritualizado sendo exatamente quem é.

Meditação de incorporação da inspiração

Lembre-se de alguém que lhe inspira, alguém cujas qualidades você admira.

Deixe-se sentir alegria pelo fato de esse ser sábio ter atualizado e internalizado essas qualidades e estar vivendo sua verdade.

Agora se imagine incorporando as mesmas qualidades.

Visualize a forma como você caminha pelo mundo, como fala com as pessoas, como se vê e como vê o mundo depois de incorporar as qualidades que você admira.

O pertencimento é seu

Meu amor, onde quer que esteja, saiba que você pertence a esse lugar. Se onde você está não é onde gostaria de estar, pergunte-se o que deve ser aprendido aí e trace um plano para o futuro sem se deixar levar pelas dúvidas da mente condicionada. Vá ao coração e ouça a voz que acredita em você. E lembre-se: avançar momento a momento é liberdade. Um passo na frente do outro, de pouco em pouco. Cada escolha, cada momento pode levá-lo à liberdade.

Por outro lado, quando estiver progredindo e as grandes vozes más do Não Sou Suficiente vierem (e elas aparecerão por um tempo), você será mais sábio. Cultivar a consciência e a escolha é uma jornada para a vida, e é importante reconhecer repetidas vezes: *Eu estou ciente de que estou tendo esse pensamento, mas estou escolhendo seguir em frente de qualquer maneira.* O músculo da autoconfiança fica mais forte à medida que você cresce. Quando sinto a síndrome do impostor chegando, ou quando sinto a dúvida se insinuar, sempre que surge uma oportunidade e começo a me sentir meio "Quem diabos eu penso que sou?", apenas sussurro: *Eu sou suficiente, eu pertenço a este lugar.* E faço isso até que a voz duvidosa diminua. Esse é o trabalho constante de acreditar em si e permanecer no caminho.

Minha jornada para sentir pertencimento e não dar a mínima certamente não foi fácil. Cresci em uma família que valorizava a mesmice. Qualquer coisa fora de uma definição restrita do socialmente aceitável e normal era assustadoramente... errada. Jogue o pequeno Sah ali. Quando menino, em grande parte do tempo eu me sentia oprimido e confuso. Lembro-me de pedir a quem quer que estivesse me ouvindo: "Faça com que eu seja normal, por favor, faça com que eu seja normal".

Olhando para trás, para aquele menino que desejava algo que realmente não existe (normalidade), que não se sentia pertencente ao lugar onde estava e se percebia como sendo errado, sinto-me dominado por compaixão por ele. Essa vergonha é forte, gente. Temos de perceber que essa coisa persiste e tenta se infiltrar, por isso devemos inteligentemente dizer não às histórias de "não ser suficiente", "não pertencer", "ser errado", porque não poderiam estar mais longe da verdade.

Eu sei que muitos serão capazes de se identificar com isso. Cada um tem as próprias histórias. Eu busquei pertencimento desesperadamente, mas ainda não sabia que não precisava de validação externa, mas de me sentir pertencente dentro de mim mesmo, de me sentir em casa e relaxado em meu corpo. É por isso que o trabalho espiritual é tão transformador. Quando você aprende que o lugar ao qual sempre pertenceu está em seu coração e encontra lá um verdadeiro lar, tudo muda. Quando você aprende que é algo seguro e começa a se sentir em casa em seu corpo, percebe que você de fato pertence a esta Terra. Pertencemos a esta experiência humana e estamos profundamente interligados.

Aí vai uma receita com as qualidades para sentir pertencimento. Repita estas afirmações sempre que precisar de um lembrete:

Corajoso — *Saio de meu condicionamento e me aceito com coragem.*
Fácil — *Amar e acreditar em mim é fácil.*
Grandioso — *Tenho consciência de meu potencial; eu sou grandioso.*

Aberto — *Meu coração está aberto; compartilhar quem eu sou cura a mim e a você.*
Nutrido — *Nutrir-me profundamente é o que eu faço.*
Bom — *Sou naturalmente bom.*

Quando você se sente desconectado, apenas perceber esse sentimento já representa um enorme progresso no caminho espiritual. Esse é seu coração o cutucando para se reconectar. Quando você se sente entediado, solitário, preso, pode aprender a ver esses estados de sentimentos não como quem você é, mas como estímulos de seu coração que lhe enviam coragem para agir e mudar sua vida. Mesmo que perceba esses sentimentos, não se deixe levar por eles, isso é uma forma de pertencimento. No momento em que estiver consciente de que esses sentimentos são impermanentes e não você, estará tocando o pertencimento. Você sentirá a atração de seu coração. Siga-a, confie nela.

Você tem tudo de que precisa

Você ainda pode estar se perguntando: "Sou bom o suficiente? Tenho o que é preciso? Mereço as coisas que quero? Eu sou merecedor?". Mas adivinhe: isso é apenas a mente condicionada falando sozinha o dia todo, e você não precisa se envolver em todas as conversas. É seu trabalho observar e escolher, a cada dia, a cada momento, dizer sim a Você. *Sim, sou bom o suficiente. Sim, eu sou bom. Sim, sou o suficiente. Sim, eu mereço. Sim, eu sou digno.* Esse é o Trabalho, meu amigo. Todos os dias, a cada momento. É parte do trabalho defender o que é verdadeiro sobre si dia após dia, residir na parte de si que é sempre livre, na parte de si que *é* amor, para que você possa ter a alegria prazerosa como base e ajudar outros a conseguirem alcançar o mesmo.

Que as práticas e a sabedoria neste livro sejam úteis para você em seu caminho em direção à liberdade. Que você desperte sua alegria. Que seja livre. Que trabalhe para beneficiar os outros.

Meu amor, a liberdade é possível.

11

Mais meditações, orações e mantras para sua jornada

Parabéns, meu amor! Estou muito orgulhoso por você ter chegado ao final deste livro. Você trabalhou bastante e fez muito progresso. Agora seu sucesso contínuo depende de você se comprometer a praticar regularmente. Incluí aqui algumas de minhas meditações, mantras e orações favoritas (as mais eficazes). Por favor, use-as com frequência. Faça bom proveito! Eu te amo.

Gritos primordiais

Gritar com alguém por estar com raiva não é a mesma coisa que gritar para deixar a frustração sair. Esse é um processo de cura para mover pensamentos e sentimentos aprisionados. É para ser usado principalmente quando você está preso em algum sentimento, e também de vez em quando para liberar emoções reprimidas que estão presas em seu corpo. A terapia do grito primordial é, na verdade, uma forma legítima de psicoterapia para tratar ansiedade, trauma e estresse.

Inspire profundamente e solte um grito bem, bem forte. Faça isso três vezes.

Oração do propósito de vida (adaptado de Shantideva[1])

Essa oração é algo que leio com bastante frequência. É uma ótima maneira de se reconectar com o propósito da vida. Leia-a sempre que puder. Tente incorporar essa oração em sua prática diária. Ela nos recorda do objetivo final.

> Que eu possa me tornar agora e para sempre um protetor daqueles que não têm proteção, um guia para aqueles que se perderam de seu caminho, um navio para aqueles que têm oceanos para atravessar, uma ponte para aqueles que têm rios para cruzar, um santuário para aqueles que estão em perigo, uma lâmpada para quem não tem luz, um lugar de refúgio para quem não tem abrigo, um servo para os necessitados, enquanto durar o espaço, enquanto existirem seres vivos. Até então, que eu também possa persistir e dissipar as misérias do mundo.

Mantras budistas tântricos

Os mantras abaixo são extremamente potentes. Se não ressoarem em você imediatamente, então não são para você agora. Siga em frente. Volte mais tarde, talvez.

Aviso: repeti-los é como colocar o dedo em uma tomada. Algumas coisas estranhas podem acontecer. Fique atento e pratique com responsabilidade.

Mantra do Buda da medicina

O objetivo desse mantra é curar doenças físicas. Há algumas maneiras de fazer isso. Primeiro, você pode repetir o mantra 108 vezes para si mesmo. Ou pode repeti-lo 108 vezes sobre um copo d'água e dar a água a alguém que está doente, ou beber você mesmo.

Tayatha om bekandze bekandze maha bekandze radza samudgate soha.

Você pronuncia assim: Taia-te om bekan-ze bekan-ze maha bekan-ze raja samu-gate so-ha.

Mantra Manjushri

Cantar esse mantra aumenta a sabedoria e promove uma mente estável. Use-o quando aplicar as habilidades aprendidas neste livro.

Om Am Rah Pa Dza Na Dhi.

Você pronuncia assim: Om a ra pa cha na di-hi.

Repita 108 vezes por dia sempre que precisar de ajuda para aprender ou enxergar as coisas com clareza e sabedoria.

Mantra Vajrasattva

Esse mantra é um dos mais poderosos e de ação mais rápida que já encontrei. Recebi a iniciação recentemente no Nepal. É uma limpeza cármica acelerada, e assim como acontece com qualquer limpeza, o que você está processando deve sair, então esteja preparado para purgar.

Om vajrasattva hum.

Pronuncie assim: Om vajra-sat-fa hum.

Cante-o 28 vezes por dia.

Canto esse mantra todas as noites antes de dormir. Ele limpa quaisquer ações prejudiciais acumuladas durante o dia por meio da mente, do corpo e da fala, para que não nos prendamos a elas e as levemos para o dia seguinte.

Mantra da Tara Verde

Esse é um de meus mantras favoritos. É uma grande âncora do coração para mim. Eu o repito constantemente em minha mente ao longo do dia. Tenho até a Tara Verde, a divindade que emana compaixão universal, iluminação e performances virtuosas, tatuada em meu braço esquerdo.

Om tare tutare ture soha.

Pronuncie assim: Om tar-ei tutar-ei tur-ei suoha.

Esse mantra tem muitos benefícios e traduções. Aqui está a que mais amo:

Que todos os seres em todos os lugares estejam livres do sofrimento mental e físico e de todas as suas causas, e que todos os seres em todos os lugares tenham felicidade e todas as suas causas.

Tente repetir esse mantra 108 vezes seguidas ou ao longo do dia. Dizê-lo liberta você de sentimentos destrutivos de orgulho, ignorância, ciúme, ódio, teimosia, apego, dúvidas perturbadoras e ganância.

Mantras para a vida ordinária

Quanto tempo você perde indo de aplicativo em aplicativo, com música e no Instagram? Em vez de se distrair, aproveite a vida diária e o tempo ocioso para entrar em um processo de purificação profundo por meio dos seguintes mantras. Nós os tornamos extraordinários ao aplicarmos a eles nossa intenção de sermos liberados.

Andando na rua

Ofereça uma bênção silenciosa a cada pessoa por quem você passar. Em vez de ignorar cada pessoa ou julgar se ela é bonita ou feia, se a quer ou não, se é sexy ou não, se é preta ou branca — as tendências e os preconceitos inconscientes que correm automaticamente em nossa mente — podemos começar a purificar nosso condicionamento. Pratique desejar silenciosamente a todos com quem você entrar em contato: *Que você seja feliz* ou *Que você viva com facilidade.*

Tomando banho, lavando louça ou roupa

Ao fazer essas atividades, você pode repetir este mantra:

Para o bem maior de todos, limpo e mando embora pensamentos, sentimentos, emoções, situações, seres e energias que não estão mais a serviço de meu despertar.

Oração para as refeições

Antes de comer, repita esta oração: *Obrigado a todos em todos os lugares que criaram as condições para que eu possa comer esta comida*

— à Mãe Natureza, a todos na fazenda, na loja, em todos os lugares que criaram as condições financeiras para que eu pudesse comprar esta comida. Este alimento é curativo e me conecta à terra, este alimento é uma oferta de abundância a todos os seres sencientes que não têm comida neste momento.

Ao gerar esse desejo de que todos tenham alimentos saudáveis, você está despertando coragem e disciplina dentro de si para fazer mais para ajudar os outros.

Esperando na fila

Tendemos a nos perder em pensamentos quando estamos esperando. Em vez disso, use esse tempo ocioso para trazer clareza e calma à sua mente. Repita: *No agora estou livre, no presente estou livre.*

Sugestão de escrita: Neste momento, eu me sinto...

Use isso sempre que for fisgado e dominado por seus sentimentos. Defina um cronômetro para quinze a vinte minutos. Pegue papel e caneta. Comece escrevendo: "Neste momento, eu me sinto..." e continue a partir daí, escrevendo livremente.

Quando chegar a um ponto em que acha que não tem mais nada a dizer, respire fundo e diga novamente: "Nesse momento, eu me sinto...".

Meditação da morte

Faça isso sempre que puder. Usaremos o processo de pensamento de uma forma muito criativa como suporte para desenvolver a sabedoria.

Para começar, sente-se confortavelmente em uma cadeira, com os pés firmes no chão, ou sobre uma almofada, como quiser.

Faça algumas respirações longas e profundas.

Agora leve sua energia para a ponta do nariz.

Sinta a respiração entrando e saindo pelo nariz por alguns momentos. Então, comece a seguinte meditação:

Inevitabilidade da morte

Para cada linha a seguir, use o diálogo interno para conversar consigo mesmo. Se escapar para a fantasia ou cair em listas de tarefas, volte. Abra cada declaração com:

"Eu reconheço que..."
Todo mundo tem de morrer.
Todos que eu conheço morrerão.
Minha expectativa de vida está diminuindo continuamente.
Mesmo enquanto faço esta prática, estou mais perto de minha própria morte.
O tempo que tenho na minha vida para desenvolver a mente e descobrir meu coração é muito curto, por isso reconheço a importância de praticar a transformação interna, porque em breve estarei morto.
A expectativa de vida humana é incerta.
Existem muitas causas de morte.
Posso morrer em um acidente de carro, por doença, durante o sono; ou posso levar um tiro.
O corpo humano é frágil; é um templo extremamente poderoso, mas ao mesmo tempo é suscetível a acidentes e doenças.
Somente o discernimento e a sabedoria podem me ajudar na hora da morte.
Meus bens não podem ajudar, não importa quanto dinheiro ou coisas eu tenha acumulado; nada disso importa, porque eu terei partido. Todos nós. Entes queridos, inimigos. Todos morrerão.
No fim das contas, ninguém pode ajudar, nem mesmo nossos entes queridos. Quando chegar minha hora de partir, partirei. Todos nós morreremos.
Nosso corpo não pode ajudar. Ele adoece, envelhece, e então morremos.

Ao encerrar, reserve alguns momentos para perceber como se sente. Agradeça a si mesmo pela prática e leve os insights consigo.

Exercício de escrita: Confissão

Em um diário ou em outro local seguro, eu o convido a escrever uma confissão. Há um tremendo poder de cura em confessar o mal que causou a si e a outras pessoas. Apenas ler em voz alta o que você escrever pode ser algo muito poderoso. Você não precisa compartilhar ou mesmo guardar. Mas, quando terminar, leia para si mesmo o que escreveu e reflita sobre isso. Convido você a jogar o texto fora, queimá-lo ou cortá-lo em vários pedacinhos quando terminar. Essa prática ajuda a trazer à luz os danos passados de seu esconderijo à luz. Enquanto estiverem escondidos, espirarão de você de outras maneiras. Adicione um pouco de perdão e consulte o Capítulo 4 para mais ferramentas.

Meditação de sabedoria

Nessa prática, usaremos os pensamentos como aliados, como forma de refletir e descobrir a natureza da mente purificada, que é o coração espiritual. Muito de nosso sofrimento vem de um lugar de desconexão com o coração, mas a sabedoria pode nos ajudar a nos reconectar. Vamos começar.

Feche suavemente os olhos e sente-se com intenção e graça.

Leve sua atenção à sensação de sua respiração, talvez na ponta do nariz ou na parte inferior da barriga.

Faça algumas respirações longas e profundas, inspirando e expirando.

Relembre-se de uma ocasião em que discutiu com alguém.

Com a situação e a pessoa em mente, reflita sobre o seguinte:

As pessoas podem mudar.

Ninguém é intrinsecamente mau ou errado.

Assim como você, eles estão mudando e crescendo.

A experiência não o define, e ela não os define.

O modo como as pessoas reagem a você está fora de seu controle.

Mesmo que você seja sábio, gentil, compassivo e calmo, o comportamento das outras pessoas está fora de seu controle.

Visualize a mesma discussão, mas agora a enxergue com uma visão mais ampliada e generosa.

Não existem acidentes nem coincidências.

Suas ações passadas criaram a situação para que você aprendesse.

A percepção deles é válida, assim como a sua. Estar certo ou errado é irrelevante.

Só é um problema porque você atribuiu um significado a isso. Permita-se ver isso como uma oportunidade de crescimento, não como um problema.

Ao encerrarmos essa prática, reserve alguns momentos para perceber como se sente. Agradeça a si mesmo pela prática e leve os insights consigo.

Respiração Ha

Essa prática de respiração é uma forma muito poderosa de liberar o estresse danoso.

Para começar, ajuste um cronômetro para noventa segundos.

Sentado ou em pé, inspire e levante os dois braços para o céu.

Ao expirar, abaixe os dois braços, com os cotovelos tocando suavemente as laterais da caixa torácica. Diga "HA!"

Em um ritmo rápido, inspire e expire, levantando os braços na inspiração e abaixando-os na expiração.

Seus dedos permanecem ativos, com as palmas voltadas para fora.

HA! HA! HA!

Respiração pela narina esquerda

Inspirando e expirando pela narina esquerda durante três minutos, você pode recuperar o controle de seu sistema nervoso e orientá-lo, em vez de ficar à sua mercê. Em vez de cortisol, adrenalina, luta/fuga/paralisia, você pode gerar uma sensação de descanso e relaxamento.

Leve sua mão direita ao rosto.

Com o polegar, feche a narina direita.

Agora, respirando apenas pela narina esquerda, inspire contando até quatro e expire contando até seis. Faça isso por até três minutos.

Kapalbhati

Essa prática vem das escrituras iogues. *Kapalbhati* significa "crânio brilhando". Usei-a durante alguns de meus momentos de depressão mais profundos e sombrios. Ajuda a libertar você de acreditar em pensamentos, sentimentos e emoções. Pratique por noventa segundos.

Expire com força pelo nariz.

Continue expirando com força, e a inspiração acontecerá por conta própria. Respire dessa forma por algumas vezes consecutivas, com expirações curtas e poderosas.

Notas

Capítulo 2: A base atrevida

1. Bob Weinhold, "Epigenetics: The Science of Change". *Environmental Health Perspectives*, 114, 3 (2006): A160-7, doi:10.1289/ehp.114-a160.
2. "HeartMath Science", HeartMath Institute, heartmath.org/science (acessado em 18 de outubro de 2019).

Capítulo 3: Sua história atual

1. Remez Sasson, "How Many Thoughts Does Your Mind Think in One Hour?" *Success Consciousness Blog*, successconsciousness.com/blog/inner-peace/how-many-thoughts-does-your-mind-think-in-one-hour (acessado em 18 de outubro de 2019).
2. Lion's Roar Staff, "What Are the Four Foundations of Mindfulness?" *Lion's Roar*, 13 de junho de 2018, lionsroar.com/what-are-the-four-foundations-of-mindfulness.
3. J. Hettema, J. Steele e W. R. Miller, "Motivational Interviewing". *Annual Review of Clinical Psychology*, 1 (2005): 91–111.
4. Perguntas adaptadas do Center for Substance Abuse Treatment, "Enhancing Motivation for Change in Substance

Use Disorder Treatment", *Treatment Improvement Protocol (TIP) 35*. Rockville, MD: Substance Abuse and Mental Health Services Administration, outubro de 2019.

5. "What Is Neuroplasticity?" *Brainworks: Train Your Mind*, brainworksneurotherapy.com/what-neuroplasticity (acessado em 18 de outubro de 2019).
6. Margaret Jaworski, "The Negativity Bias: Why the Bad Stuff Sticks and How to Overcome It". *Psycom*, 23 de maio de 2019, psycom.net/negativity-bias (acessado em 18 de outubro de 2019).
7. Kerry J. Ressler, "Amygdala Activity, Fear, and Anxiety: Modulation by Stress". *Biological Psychiatry*, 67, 12 (2010): 1117–9, doi:10.1016/j.biopsych.2010.04.027.
8. "Self-Talk Diary" e "Replacing Limiting Beliefs", exercícios adaptados de Aaron T. Beck, *The Anxiety and Worry Workbook: The Cognitive Behavioral Solution*, 1. ed. (Nova York: The Guilford Press, 2011).
9. Sethanne Howard e Mark W. Crandall, "Post Traumatic Stress Disorder: What Happens in the Brain?" *Journal of the Washington Academy of Sciences*, 93, 3 (2007): 1–17, jstor.org/stable/24536468.
10. Gretchen Lidicker, "Could Strengthening Your Vagus Nerve Be The Secret to Crushing Your Anxiety?" *Mindbodygreen*, 30 de setembro de 2019, mindbodygreen.com/articles/the-vagus-nerve-anxiety-how-to-strengthen-it.
11. Tiffany A. Ito, Jeff T. Larsen, Kyle N. Smith e John T. Cacioppo, "Negative Information Weighs More Heavily on the Brain: The Negativity Bias in Evaluative Categorizations". *Journal of Personality and Social Psychology*, 75, 4 (outubro de 2002), doi:10.7551/mitpress/3077.003.0041.

12. John A. Sturgeon e Alex J. Zautra, "Social Pain and Physical Pain: Shared Paths to Resilience". *Pain Management*, 6, 1 (2016): 63–74, doi:10.2217/pmt.15.56.

Capítulo 4: Workshop do perdão

1. Loren Toussaint, Everett L. Worthington e David R. Williams. *Forgiveness and Health: Scientific Evidence and Theories Relating Forgiveness to Better Health* (Nova York: Springer, 2015).
2. Douglas J. Bremner, "Traumatic Stress: Effects on the Brain". *Dialogues in Clinical Neuroscience*, 8, 4 (2006): 445–61.
3. Amy F. T. Arnsten *et al.*, "The Effects of Stress Exposure on Prefrontal Cortex: Translating Basic Research into Successful Treatments for Post-Traumatic Stress Disorder". *Neurobiology of Stress*, 1 (2015): 89–99, doi:10.1016/j.ynstr.2014.10.002.
4. Jennifer Berry, "Endorphins: Effects and How to Increase Levels". *Medical News Today*, 6 de fevereiro de 2018, medicalnewstoday.com/articles/320839.php (acessado em 18 de outubro de 2019).
5. Dr. Siri Carpenter, "That Gut Feeling". *American Psychological Association*, setembro de 2012, apa.org/monitor/2012/09/gut-feeling (acessado em 18 de outubro de 2019).

Capítulo 5: Sua nova história

1. Ram Dass, quotecatalog.com/quote/ram-dass-i-would-like-my-N70EZRp (acessado em 21 de dezembro de 2019).

Capítulo 6: Seja seu próprio guru

1. Steven Kotler, "The Passion Recipe: Four Steps To Total Fulfillment". *Forbes Magazine*, 8 de outubro de 2015, forbes.com/sites/stevenkotler/2015/03/27/the-passion-recipe-four-steps-to-total-fulfillment/#6abd69d6bb41.
2. Steven Kotler, "Flow States and Creativity". *Psychology Today*, 25 de fevereiro de 2014, psychologytoday.com/us/blog/the-playing-field/201402/flow-states-and-creativity.

Capítulo 8: Supere o medo de ser incrível

1. Lion's Roar Staff, "What Are the Eight Worldly Concerns?" *Lion's Roar*, 13 de fevereiro de 2016, lionsroar.com/buddhism-by-the-numbers-the-eight-worldly-concerns (acessado em 28 de dezembro de 2019).

Capítulo 10: A visão elevada

1. Os quatro pilares da manutenção são adaptados do currículo do Institute of Integrative Nutrition (Instituto de Nutrição Integrativa), integrativenutrition.com/.

Capítulo 11: Mais meditações, orações e mantras para sua jornada

1. Shantideva, "Shantideva Prayer". Unitarian Universalist Association, de *The Bodhisattvacaryāvatāra (Guide to the Bodhisattva's Way of Life)*, uua.org/worship/words/quote-reading/shantideva-quote (acessado em 10 de janeiro de 2020).

Índice

Este livro foi impresso nas oficinas gráficas da Editora Vozes Ltda.,
Rua Frei Luís, 100 – Petrópolis, RJ.